Sur les traces de...

JEANNE D'ARC

GALLIMARD JEUNESSE

À mes jolies nièces, Charlotte, Sophie et Hortense
À mes gentils neveux, Pierre et Louis

ISBN 2-07-055618-2

Loi n° 49-956 du 16 juillet 1949 sur les publications destinées à la jeunesse.

Dépôt légal : octobre 2003 - N° d'édition : 124022
Photogravure : Mirascan
Imprimé par EuroGrafica

Sur les traces de...

JEANNE D'ARC

raconté par Jean-Michel Dequeker-Fergon
illustré par Maurice Pommier

GALLIMARD JEUNESSE

Sur les traces de...

JEANNE D'ARC

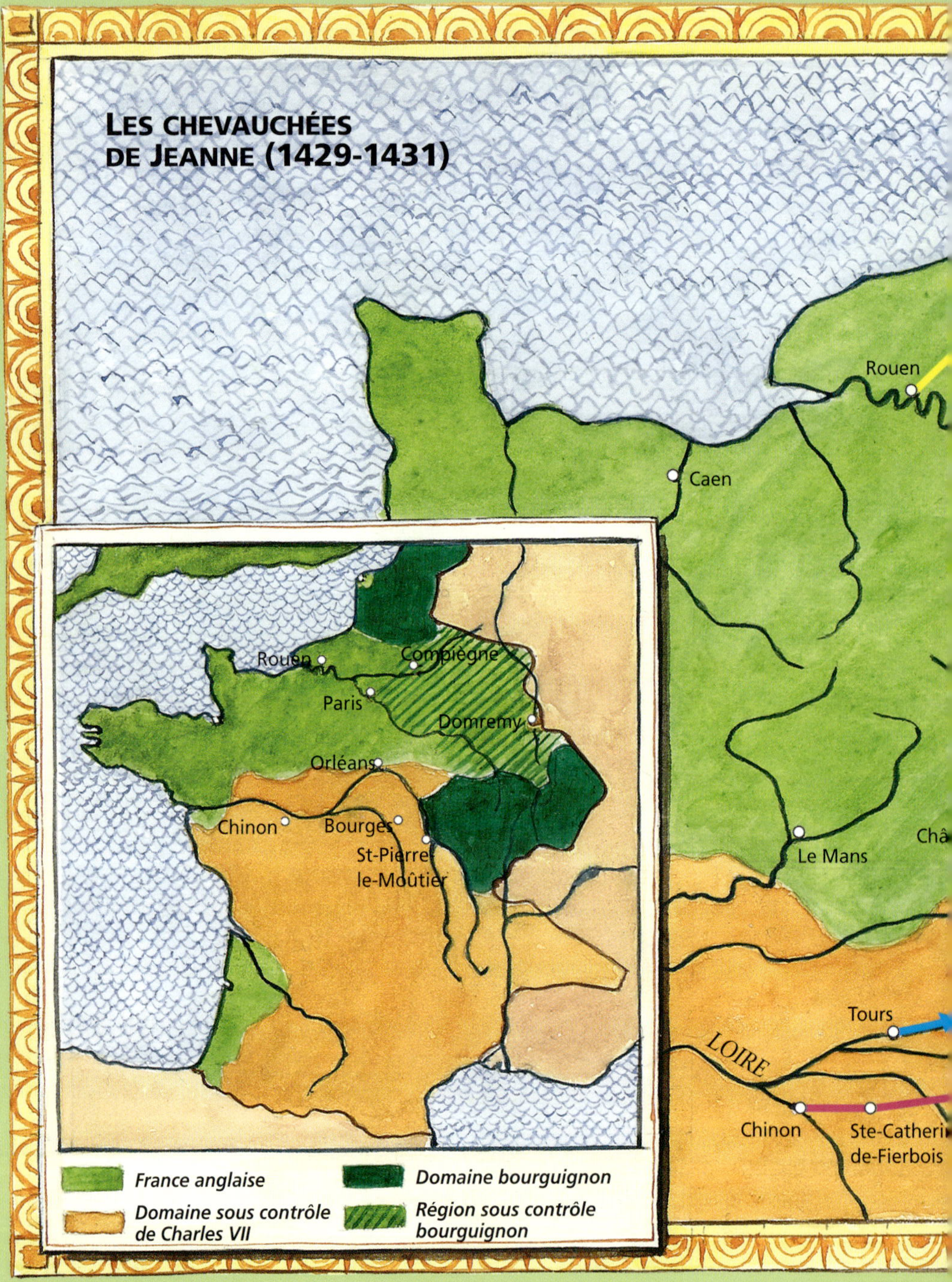
LES CHEVAUCHÉES
DE JEANNE (1429-1431)
Rouen
Caen
Le Mans
Châ
Tours
LOIRE
Chinon
Ste-Catheri
de-Fierbois
Rouen
Compiègne
Paris
Domremy
Orléans
Chinon
Bourges
St-Pierre-
le-Moûtier
France anglaise
Domaine sous contrôle
de Charles VII
Domaine bourguignon
Région sous contrôle
bourguignon

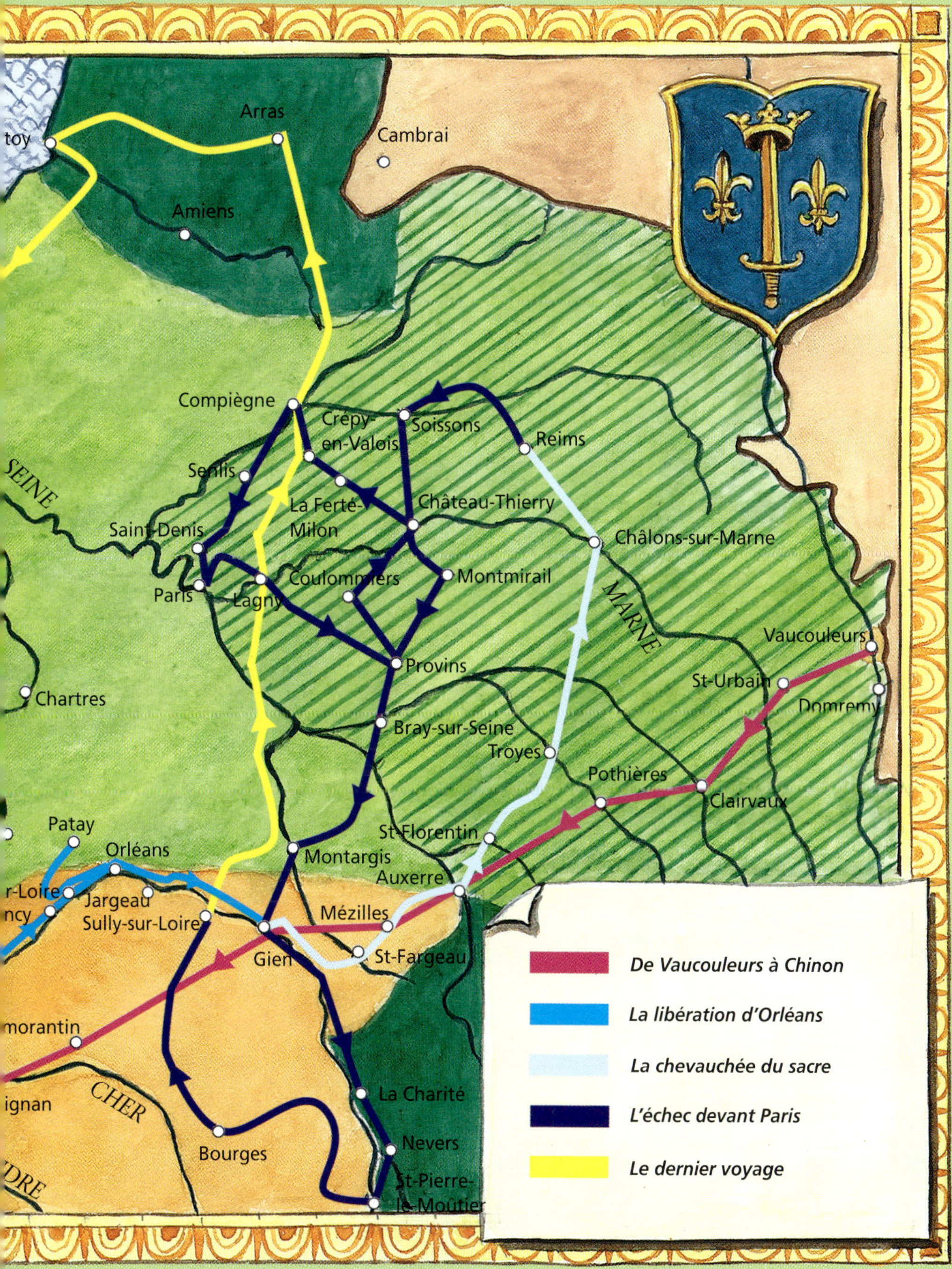
Arras
Cambrai
Amiens
Compiègne
Crépy-en-Valois
Soissons
Reims
Senlis
SEINE
La Ferté-Milon
Château-Thierry
Saint-Denis
Châlons-sur-Marne
Paris
Lagny
Coulommiers
Montmirail
MARNE
Provins
Vaucouleurs
St-Urbain
Domremy
Chartres
Bray-sur-Seine
Troyes
Pothières
Clairvaux
Patay
St-Florentin
Orléans
Montargis
Auxerre
Jargeau
Sully-sur-Loire
Mézilles
Gien
St-Fargeau
CHER
La Charité
Bourges
Nevers
St-Pierre-le-Moûtier
De Vaucouleurs à Chinon
La libération d'Orléans
La chevauchée du sacre
L'échec devant Paris
Le dernier voyage

Moi, Pierre, frère de Jeanne

Moi Pierre, chevalier du Lys, dernier frère de Jeanne **la Pucelle**, demeurant aujourd'hui à Orléans, j'ai décidé, en ce jour de décembre de l'an de grâce 1455, d'assembler mes souvenirs. Je ne suis pas bien **clerc**, ma plume est hésitante, mais si j'écris avec peine, j'entends du moins écrire avec justesse, dussé-je y passer le temps qui me reste à vivre.

On m'a interrogé bien souvent. J'ai répondu mille fois aux questions des plus hauts personnages du royaume comme à celles des plus humbles. J'ai témoigné à maintes reprises devant la justice. Mais à présent j'éprouve un **irrépressible** besoin, la vieillesse approchant, de raconter d'un seul tenant cette étonnante histoire dont le Seigneur notre Dieu a voulu que je sois à la fois témoin et acteur. Acteur modeste, je le confesse bien volontiers, mais témoin privilégié. Certains sauraient plus habilement tourner leur récit. Mais qui plus qu'un frère aimant ayant partagé les joies et les peines de l'enfance, les enthousiasmes et les

La Pucelle : surnom de Jeanne, qui signifie « jeune fille vierge ».
Clerc : personne instruite.
Irrépressible : contre lequel on ne peut pas lutter.

désillusions d'une aventure que je crois unique en son genre, qui pourrait rendre compte plus précisément des faits et gestes de Jeanne ?

Depuis toutes ces années, une question m'obsède. Elle tourmente chacune des journées de cette existence qu'il m'a été laissé de vivre. Pourquoi Jeanne ? Pourquoi le Seigneur l'a-t-il choisie pour accomplir son **dessein** ? Notre famille n'était qu'une simple famille de **laboureurs** vivant **aux confins** du **Barrois mouvant**, ignorante des affaires de la guerre et de la politique. Dieu, je le sais, connaît chacune de ses créatures. Le plus pauvre des hommes n'est pas pour lui moins digne d'amour et d'intérêt que le plus puissant. Et c'est à de simples bergers qu'il a d'abord présenté son Fils. Mais pourquoi Jeanne, pourquoi, entre mille autres, *ma* Jeannette ? Ma sœur était une enfant joyeuse, partageant tous nos jeux, serviable et **pieuse**. Parfois même, nous nous moquions gentiment d'elle, toujours à l'église, toujours en **confession**... Aucun d'entre nous n'aurait jamais imaginé ce qui allait suivre. Elle-même, d'ailleurs, ne s'ouvrit que tardivement à nous de cette voix qu'elle entendait et qui allait décider de son destin.

Je me souviens de cette **prophétie**, parvenue je ne sais comment jusqu'à notre village. On m'a raconté depuis qu'elle avait été proférée par une

Dessein : projet.
Laboureur : cultivateur.
Aux confins : à la frontière.
Barrois mouvant : région de la Lorraine (est de la France) dépendant de la couronne de France.
Pieux : qui pratique la religion.
Confession : aveu de ses péchés à un prêtre, dans la religion catholique.
Prophétie : annonce de ce qui va se passer dans l'avenir.

paysanne venue des régions montagneuses du sud de la France, bien avant que nous ne naissions, ma sœur et moi. Elle disait que la France serait sauvée par une vierge des **marches** de Lorraine. Jeanne, un jour, me l'a rappelée, peu avant la délivrance d'Orléans. Sans s'y arrêter davantage. L'histoire était sans doute déjà ancienne. Sa voix à elle était autrement plus précise, qui lui **enjoignait** de faire lever le siège d'Orléans, de mener le roi **Charles** se faire **sacrer** à Reims, de **bouter** les Anglais hors du pays de France...

Aujourd'hui, tous ces événements paraissent bien lointains. La **guerre** elle-même semble une vieille histoire. Lorsque je vois les navires remonter doucement la Loire, lorsqu'à l'été je regarde mes blés dorer lentement sous le soleil, j'éprouve quelque difficulté à me convaincre qu'a vraiment existé le temps du pillage et du meurtre, des fumées noires à l'horizon qui désignaient l'incendie et la mort, de la peur qui nous contraignait à fuir Domremy pour trouver refuge derrière les murs de Neufchâteau. Oubliés aussi la fureur des combats auxquels j'ai participé, les cris poussés à l'assaut, les plaintes des agonisants, la putréfaction des cadavres sur le champ de bataille, cette odeur de charogne et de sang. Oubliée la paille des cachots. Notre roi a vaincu. La France est libre d'Anglais.

Marche : zone frontalière.
Enjoindre : ordonner.
Charles : Charles VII, roi de France de 1422 à 1461.
Sacrer : conférer un caractère divin au roi par une cérémonie religieuse qui utilise une huile sainte.
Bouter : renvoyer.
Guerre : il s'agit ici de la guerre de Cent Ans (voir pp. 18-19).

Pour moi, la guerre a véritablement pris fin en l'an de grâce 1449, lorsque le roi Charles a fait son entrée solennelle à Rouen. La ville reprise aux Anglais, voilà qui vengeait ma sœur. La présence du roi à Rouen achevait la mission inaugurée par la délivrance d'Orléans.

Dois-je dire aussi que l'attitude de notre souverain en fut changée ? Depuis le sacre de Reims, il ne paraissait plus se préoccuper du sort de celle qui l'avait fait pleinement roi. J'ai mis longtemps à comprendre que les **impératifs** d'une politique qu'il voulait toujours prudente lui avaient fait redouter les **impétueuses** offensives de Jeanne. Par contre, je ne parviens guère à accepter, aujourd'hui encore, qu'il n'ait pas tout

Impératif : obligation.
Impétueux : vif et emporté.

fait pour l'extirper de sa prison et lui épargner ainsi le **bûcher**. Crut-il ensuite les racontars des Anglais, qui prétendaient que ma sœur leur avait demandé pardon ainsi qu'aux Bourguignons, leurs alliés ? Je ne dis pas qu'il l'ait abandonnée mais il n'a pas su la sauver.

Or, après son séjour à Rouen, sans doute parce qu'il lui fut alors donné d'apprendre comment s'était déroulé le procès, lorsqu'il comprit combien Jeanne lui était demeurée fidèle, le roi décida de faire mener une enquête. Pour la première fois, nous sûmes, ma famille et moi, que justice serait enfin rendue. Charles ne reconnaissait-il pas que la condamnation de Jeanne était **inique** et cruelle ?

Bûcher : amas de bois sur lequel on brûlait les condamnés.
Inique : injuste.

Depuis lors, bien des efforts ont été déployés pour que l'affaire aboutisse. Il fallait d'abord que l'Église, qui avait procédé à la condamnation, acceptât de reconsidérer l'affaire. Le nouveau **légat** du pape, Guillaume d'Estouteville, s'y est employé avec un zèle dont notre famille lui saura éternellement gré. Il a interrogé une nouvelle fois tous les témoins, consulté les **théologiens** et, en définitive, permis que soit ouvert un nouveau procès.

Légat : ambassadeur.
Théologien : qui étudie les questions religieuses.
Nef : dans une église, partie située entre le portail et le chœur.

Et voilà que le 7 novembre dernier, en la cathédrale Notre-Dame de Paris, le grand moment est enfin advenu. Jamais je ne vis pareille foule, du moins depuis le jour où notre roi fut sacré à Reims, Jeanne à ses côtés. Mais cette fois, c'était pour elle seule que le peuple se pressait sous les voûtes de la grande église. Après tant d'années, son seul nom suffisait à assembler une multitude.

Un grand nombre d'habitants d'Orléans avait manifesté le désir de nous accompagner, ma mère, Isabelle Romée, mon frère et moi. Et c'est en un long cortège que nous nous sommes avancés dans la **nef**.

La foule n'avait d'yeux que pour ma mère, vêtue de deuil, chargée de tant d'années, porteuse de tant de souffrances que le temps ne pourra jamais guérir, exténuée par le voyage. Nous la soutenions, Jean et moi, nous la portions presque. Mais ses yeux, qui pourtant n'y voient plus guère, fixèrent sans faillir les commissaires désignés

pour mener le procès, et lorsqu'elle prit la parole, ce fut d'une voix ferme qu'elle prononça ces mots qui firent pleurer plus d'un assistant et qui aujourd'hui encore me font monter les larmes aux yeux :

– J'avais une fille, née en légitime mariage, que j'ai élevée dans la crainte de Dieu et le respect de la tradition de l'Église, autant que le permettaient son âge et la simplicité de sa condition, si bien qu'ayant grandi au milieu des champs et pâturages elle fréquentait beaucoup l'église et recevait chaque mois, après due confession, le sacrement de l'**eucharistie**, malgré son jeune âge. Pourtant, bien qu'elle n'ait jamais pensé, conçu ou fait quoi que ce soit qui l'écartât de la foi ou la contredît, certains ennemis l'ont fait traduire en un procès de foi et [...] sans l'ombre de droit, l'ont condamnée de façon **damnable** et criminelle et l'ont fait mourir très cruellement par le feu...

Un long silence s'ensuivit pendant lequel je crois avoir perçu dans le regard des trois commissaires, l'archevêque de Reims, Jean Juvénal des Ursins, l'évêque de Paris, Guillaume Chartier et l'évêque de Coutances, Richard Olivier, une paternelle compréhension qui me permet aujourd'hui, à l'heure où j'écris ces lignes, de croire que notre affaire cette fois aboutira et que la condamnation de Jeanne sera enfin **frappée de nullité**.

C'est donc le cœur apaisé que je commence ce

Eucharistie : célébration au cours de laquelle les chrétiens reçoivent l'hostie.
Damnable : qui mérite l'enfer.
Frapper de nullité : déclarer non valable.

récit. Puisse le Seigneur m'aider à trouver les mots justes, puisse-t-il m'accorder une part infime de cette sûreté **inébranlable** qu'il accorda jadis à Jeanne ! Encore aujourd'hui je reste **perplexe** devant les réponses si droites et si justes qu'elle savait apporter à tous ceux qui la soumettaient à question. Mais, moi, Pierre, pauvre mortel sans mérite, homme de peu d'entendement, suis-je capable de démêler les fils d'une histoire dont je crois que certains cherchent déjà à faire une légende ?

Inébranlable : que l'on ne peut faire changer.
Perplexe : qui ne sait que penser.

LA GUERRE qui s'est ouverte en 1337 ne fait que relancer une vieille querelle de nature économique et féodale entre la France et l'Angleterre. Cette fois, le roi Edouard III d'Angleterre ne revendique rien moins que la couronne de France.

La guerre civile
Au début du XVe siècle, la guerre civile s'ajoute à la guerre contre les Anglais. Elle trouve son origine dans l'assassinat, le 23 novembre 1407, du duc d'Orléans par son cousin Jean sans Peur, duc de Bourgogne. Deux camps se forment, les Armagnacs et les Bourguignons, qui se déchirent et épuisent le royaume.

La bataille d'Azincourt
C'est dans un royaume de France affaibli que débarque le roi d'Angleterre Henri V, en 1415. Il écrase l'armée française et décime la noblesse à Azincourt.

L'assassinat de Jean sans Peur
La menace anglaise devient pressante. Le duc de Bourgogne cherche donc à se rapprocher du dauphin Charles qui s'est proclamé régent du royaume. Mais le 10 septembre 1419, lors de l'entrevue de Montereau, un homme du dauphin frappe à mort Jean sans Peur.

Assassinat de Jean sans Peur à Montereau

Charles VII (1403-1461)

Le traité de Troyes
Le nouveau duc de Bourgogne ne peut plus traiter avec l'assassin de son père. Il choisit de négocier avec le roi d'Angleterre. Isabeau de Bavière, reine de France, participe à ces discussions qui se concluent par le traité de Troyes (1420) : le roi d'Angleterre héritera du trône de France à la mort de Charles VI.

La présence obsédante de la mort

“J’éprouve quelque difficulté à me convaincre qu’a vraiment existé le temps du pillage et du meurtre...”

La mort
La famine, la peste, la guerre : la mort menace sans cesse et cette présence obsédante se reflète dans l’art des XIVe et XVe siècles qui multiplie les représentations de cadavres et de squelettes.

La mort de Charles VI
Roi depuis plus de quarante ans, malade depuis des décennies, le roi Charles VI meurt en 1422. Selon la tradition, son corps est porté en procession vers l’abbaye de Saint-Denis. Dans le cortège figure le duc de Bedford qui, désormais, administre le royaume de France comme régent, au nom du jeune roi d’Angleterre Henri VI.

Les funérailles de Charles VI

Pillages
Pour le peuple des villes comme pour celui des campagnes, le pillage, le meurtre, le viol sont des menaces permanentes.

Scène de pillage

L'enfance

La vieillesse est bien surprenante. Les souvenirs de l'enfance devraient se brouiller, bien au contraire ils se précisent. Ils resurgissent même au moment où l'on s'y attend le moins, sans raison apparente. Je sais qu'il y a parfois là tromperie, qu'à trop vouloir interroger le passé, nous courons le risque de commettre des confusions et de voir la vérité se dérober. Il arrive que les lieux ou les dates se mêlent, et nous croyons avoir vécu un événement que d'autres nous auront raconté.

Je me revois dans l'église de Domremy, entre mes deux parents, mon grand frère Jacquemin derrière moi, sa main posée sur mon épaule. La scène se déroule peu après la venue au monde de ma sœur, née – ma mère le tient comme moi pour un signe – le jour de l'**Épiphanie** de Notre Seigneur Jésus-Christ. Nous sommes réunis pour son baptême, en présence de ses parrains et marraines.

Cette image est-elle juste ? Ma mère prétend que je ne devais guère avoir plus de deux ans en ce temps-là, peut-être même un peu moins,

Épiphanie : fête qui commémore l'arrivée des Rois mages venus adorer l'Enfant Jésus.

qu'un si petit n'a pas encore de mémoire, et que je dois en conséquence me souvenir d'un autre baptême que celui de Jeanne. Je jurerais le contraire, mais il me faut bien admettre que, famille ou voisins, c'étaient toujours les mêmes qui se retrouvaient à l'église pour les cérémonies religieuses. Notre communauté n'était pas bien vaste et notre père, homme juste et respecté, aussi bon et fidèle chrétien que ma mère, se trouvait souvent sollicité comme **témoin** ou comme parrain. C'est vers lui encore que les habitants se tournaient lorsqu'il fallait défendre les intérêts du village.

Tous les habitants de Domremy qui les ont connus le confirmeront, Jacques, mon père, et Isabelle, ma mère, étaient personnes de bonne renommée. Non qu'ils possédassent grande fortune, encore que la propriété de terres à blé, de prés et de quelques bois conférât à notre famille une honnête aisance. Mais simples gens craignant Dieu et les saints, ils ne manquaient jamais de **faire l'aumône** et d'aider leur prochain. En ces temps-là, la misère était plus grande et les **errants** ne manquaient pas. Nous habitions une solide maison de pierre que nous laissions ouverte aux étrangers de passage. Je me souviens que Jeannette voulait toujours laisser son lit à nos hôtes, surtout lorsque c'était la pauvreté qui les avait guidés jusqu'à notre demeure ; elle couchait alors sous le **manteau** de la cheminée.

Témoin : personne qui assiste à un mariage pour attester qu'il a bien eu lieu.
Faire l'aumône : faire un don aux pauvres.
Errant : vagabond.
Manteau : rebord de la cheminée au-dessus du foyer.

Ma sœur aimait par-dessus tout écouter les récits des gens de passage. Du vaste royaume, nous ne connaissions presque rien et des **tribulations** de la guerre, nous ne savions guère que ce que le curé nous en rapportait le dimanche lors du **prône**. Les voyageurs, eux, nous décrivaient des lieux inconnus, nous racontaient les derniers événements qui, hélas trop souvent, ensanglantaient le beau pays de France. Nous les écoutions le soir à la veillée, mes sœurs Catherine et Jeanne filant la laine, cousant des toiles, mon père réparant ses outils.

Les années de notre jeunesse se sont ainsi déroulées, au rythme des saisons. Jeanne nous accompagnait parfois, mon père et moi, dans les champs ; elle conduisait les troupeaux dans les prés. L'été nous travaillions tous à la moisson.

Il n'y a pas d'école à Domremy. Mais Jeanne connaissait, comme nous tous, pour les avoir appris de notre mère, le ***Pater Noster***, l'***Ave Maria*** et le ***Credo***. Comme nous tous aussi, elle craignait Dieu et les saints. Mais plus que nous, sans doute, elle allait à l'église, et le soir, lorsqu'elle entendait les cloches sonner **complies**, elle ne manquait pas de s'agenouiller et de prier. Plus souvent que quiconque aussi, elle courait le samedi à l'**ermitage** de Notre-Dame de Bermont, parfois avec Catherine, pour y allumer un cierge

Tribulation : épreuve.

Prône : partie de la messe dite en français.

Pater Noster : nom latin du *Notre Père*. à ses disciples.

Ave Maria : nom latin du *Je vous salue Marie*.

Credo : « je crois » en latin. Premier mot de la profession de foi des baptisés, prononcée au moment du baptême et redite chaque dimanche.

Complies : dernier office de prière de la journée, chez les moines.

Ermitage : lieu habité par un ermite, religieux qui consacre sa vie à Dieu dans la solitude.

en l'honneur de la Vierge Marie. Elle s'inquiétait de tous, réconfortait les malades, faisait l'aumône aux pauvres.

Tout cela, notre mère l'accomplissait aussi. Jeanne était simplement pieuse, d'une piété peut-être au-dessus de son âge, plus solitaire que ne le sont d'ordinaire les jeunes gens, ce qui ne l'empêchait pas de partager nos jeux et nos fêtes. Chaque année, le dimanche de ***Laetare***, nous nous rendions tous, garçons et filles, à l'arbre des Fées et à la fontaine aux Rains. Les filles mettaient des guirlandes aux branches de l'arbre, nous mangions, dansions et chantions à l'ombre de sa **frondaison**, avant d'aller boire à la fontaine. Lors de son procès, les juges de Jeanne ont voulu voir là quelque acte de sorcellerie, la volonté de se livrer aux sortilèges. Pour ma part, je n'ai pas d'autre souvenir que de jeux et de plaisirs partagés. Et je persiste à croire que les gens savants voient la main du Diable et le mal plus souvent qu'à leur tour.

***Laetare* :** quatrième dimanche de carême.
Frondaison : feuillage.

Nous avions tout pour être heureux, nous ne manquions généralement de rien, nous mangions à notre faim, agrémentant plus que d'autres la soupe d'un peu de lard. Mais il y avait la guerre, cette guerre si longue que plus personne n'aurait su dire depuis combien de temps elle durait, une guerre si confuse que plus personne ne croyait à sa fin.

À Domremy, il n'y avait qu'un seul Bourguignon. Son nom est resté dans ma mémoire, il s'appelait Gérardin.

Lorsque nous l'apercevions, Jeanne me confiait parfois, feignant la colère, qu'elle aurait aimé lui voir la tête coupée, ajoutant aussitôt « s'il plaît à Dieu ». Elle savait bien que Gérardin n'aurait pas fait de mal à quiconque. Simplement, elle lui en voulait de ne pas aimer son roi comme il se doit.

La violence venait parfois jusque chez nous. Certains du village se heurtaient à ceux de Maxey : les coups pleuvaient alors et plus d'un revenait blessé, le visage en sang. Le pire était pourtant les bandes de soldats qui parcouraient le pays. Les routes n'étaient jamais sûres. Et plus d'une fois, il nous fallut en toute urgence trouver refuge avec le bétail en un lieu que nous louions, nommé « l'Isle », le seul qui à Domremy fût un peu fortifié. Un jour, l'une de ces bandes a brûlé notre église, nous contraignant à nous rendre désormais à Greux pour les offices religieux. Greux et Domremy sont accolés. Mais nous avions tous le cœur déchiré, Jeanne particulièrement qui sanglotait.

Je ne sais plus très bien quand survint cet événement, pas plus que je ne saurais dire quand Jeanne décida qu'elle partirait un jour rejoindre le roi. Je me rappelle juste ce jour où je ramenais une jument à un voisin qui nous l'avait prêtée. Je croise Jeanne – elle n'était alors plus tout à fait une enfant – qui me demande de l'aider à grimper sur l'animal. À cette époque, je ne l'avais jamais vue à cheval que derrière notre père, jamais seule. Or aussitôt, elle presse sa monture, une jument aux reins solides, part au galop, s'agrippant à la crinière, manquant de tomber, mais riant aux éclats. Et moi, j'ai peur qu'elle ne se fasse mal, peur de me faire **réprimander** pour l'avoir laissée faire. Jeanne revient bientôt au pas, le visage rouge de plaisir, le bras levé, me semble-t-il, comme si elle portait une **bannière**, ainsi que je la verrai si souvent plus tard, lorsque nous chevaucherons ensemble.

– N'est-ce pas, mon frère, qu'il est juste que notre roi ait son royaume ?

– Que veux-tu dire, Jeanne ?

Réprimander : gronder.
Bannière : drapeau.

– Rien d'autre que ce que je viens de dire. Par Dieu, la pitié est au royaume de France.

Sa décision était-elle déjà prise ? Aujourd'hui, j'en suis convaincu. Mais à l'époque, aucun d'entre nous n'aurait imaginé que l'idée de sa mission l'habitait déjà. Jamais, à Domremy, Jeanne ne nous a parlé de cette voix qui déjà la gouvernait. Ce n'est que par la suite qu'elle me confia l'avoir entendue dès l'âge de treize ans. La première fois, elle en avait même éprouvé bien de la peur. C'était l'été, dans le jardin de nos parents. Une grande clarté avait illuminé le lieu, et pour la première fois, la voix lui avait parlé.

Pourquoi ne nous avoir rien dit ? Les années m'ont convaincu que c'est là un genre d'expérience qui ne se partage pas. Si j'en juge par ce que Jeanne devait en dire plus tard, y compris à ses juges, il y avait au reste bien des raisons pour justifier son silence. La peur et l'incompréhension devant ce qui lui arrivait, d'abord ; ses interrogations, ensuite, sur le sens et l'origine de cette étrange parole qui parvenait jusqu'à elle ; le désir peut-être de ne pas rompre ce lien mystérieux, la crainte sans doute de ne pas être prise au sérieux, de susciter la **réprobation**. Et très certainement, dès lors que Jeanne comprit quelle était sa mission, la volonté de taire ses projets à nos parents qui n'auraient pas manqué de vouloir en empêcher la réalisation.

Réprobation : blâme.

La détermination de Jeanne devenait, cependant, manifeste. Un jour même, elle s'ouvrit de ses projets à Jean et moi, ses frères. Sur le moment, nous n'en avons rien dit. Mais nous pressentions qu'elle désirait partir. Plusieurs fois, il m'en souvient, notre père nous a confié ses inquiétudes : il avait rêvé que Jeanne partirait avec des gens d'armes et il nous demandait en conséquence de bien la surveiller, de la **tenir** en bonne **sujétion**, ajoutant, je garde encore ses mots en mémoire :

– Vraiment, si je savais que cette chose dût arriver, j'aimerais mieux que vous la noyiez et, si vous ne le faisiez pas, je la noierais moi-même.

Tenir en sujétion : soumettre à l'autorité.
Embûche : danger, piège.

Nous le comprenions. Quel pouvait être le sort d'une femme au milieu des soldats ? Le déshonneur très probablement. Nous ne pouvions savoir que Dieu la guiderait au travers des **embûches**.

Les chrétiens d'Occident ont conscience d'appartenir à une même communauté, sous l'autorité du pape de Rome. En Italie comme en France ou en Allemagne, ce sont les mêmes fêtes religieuses que l'on célèbre, les mêmes rites qui ponctuent la vie des fidèles. Le christianisme constitue alors l'armature morale et sociale par excellence.

La paroisse
Elle constitue le cadre dans lequel s'accomplissent les grands événements de la vie et singulièrement les obligations religieuses. La paroisse a pour centre l'église, lieu de culte et de rassemblement : le curé y célèbre la messe, y instruit les fidèles dans la foi chrétienne et leur donne à entendre les nouvelles du royaume.

Être un bon chrétien
Quelques obligations suffisent à définir le bon chrétien : connaître par cœur le *Pater* et le *Credo*, assister à la messe le dimanche qui est jour chômé, respecter les jeûnes prescrits par l'Église, se confesser une fois l'an, communier le jour de Pâques.

Une piété nouvelle
Jeanne d'Arc, comme d'autres fidèles, se définit par une piété plus intériorisée que révèle son goût prononcé pour la prière, notamment solitaire. Elle aime prononcer le nom de Marie et celui de Jésus. Plus encore, elle se confesse et communie souvent.

Le Saint-Sacrement
La piété de la fin du Moyen Âge accorde une grande attention au Saint-Sacrement.
Les prêtres élèvent donc l'hostie un long moment pour que chaque fidèle puisse voir et adorer la représentation concrète du corps du Christ. Des foules nombreuses se pressent aussi aux processions de la Fête-Dieu qui se déroule chaque année après la Pentecôte.

« Comme nous tous, Jeanne craignait Dieu et les saints. Mais plus que nous, sans doute, elle allait à l'église. »

Le **Retable des sept sacrements,**
Rogier de La Pasture

Les sept sacrements
Ce retable présente les sept sacrements de la religion catholique : baptême, confirmation et pénitence à gauche, eucharistie au centre, ordination, mariage et extrême-onction à droite.
L'ensemble s'ordonne suivant une progression qui rend compte des étapes successives de la vie humaine, soulignées par l'évolution des couleurs – du blanc au noir – du vêtement des anges.
Le prêtre élève l'hostie dans l'axe même de la crucifixion, pour rappeler le sacrifice du Christ : « Ceci est mon corps livré pour vous. »

Les derniers mois à Domremy

Une première fois, Jeanne est partie. Je me souviens l'avoir vue, toute de rouge vêtue, **cotte** et jupe, depuis un champ où je travaillais, elle allait sur la route aux côtés de notre oncle Durand Laxart. Elle me fit un signe de la main. Auprès de nos parents, elle avait **prétexté** qu'elle allait aider ma tante qui se trouvait alors sur le point de mettre au monde un enfant.

J'avoue que l'**aplomb** de Jeanne me stupéfie encore aujourd'hui. Elle, simple petite paysanne, se présenter au capitaine de la ville de Vaucouleurs, Robert de Baudricourt, lui déclarer être envoyée par Dieu et lui **mander** qu'il veuille bien la conduire ou faire conduire jusqu'au **dauphin** qu'elle mènerait à Reims pour qu'il y soit sacré, voilà qui témoigne d'une audace et d'une confiance en soi dont peu d'hommes seraient capables ! Le sieur Robert, surpris sans doute, agacé peut-être, l'**éconduisit**, conseillant à notre oncle de lui rendre la raison à coups de claques et de la ramener chez elle. C'était mal connaître la détermination de Jeanne. Elle ne tarderait pas à le montrer. Mais

Cotte : tunique.
Prétexter : prétendre.
Aplomb : grande confiance en soi.
Mander : demander.
Dauphin : héritier de la couronne de France. Jeanne nomme ainsi Charles VII parce qu'il n'a pas encore été sacré.
Éconduire : repousser.

pour l'heure, il lui fallait s'en retourner à la maison où je puis **attester** que ma mère comme mon père lui témoignèrent du mécontentement.

C'est vers cette époque que la guerre connut un **regain** de violence. Un jour, il fallut même, par prudence, quitter la maison et gagner Neufchâteau. On disait que le gouverneur de Champagne, Antoine de Vergy, avait reçu l'ordre d'assiéger Vaucouleurs, la seule ville qui, par fidélité au roi Charles, refusait obstinément de se soumettre aux Anglais. Le pire était à craindre. Les soldats risquaient de mettre toute la région à feu et à sang. Sur les conseils de mon père, les habitants du village firent le même choix que nous et c'est ainsi que tous, hommes et bêtes, nous avons pris la route, laissant derrière nous nos maisons et l'essentiel de nos maigres biens.

Attester : témoigner.
Regain : renouveau.
Miséricorde : pitié, pardon.

À Neufchâteau, nous avons vécu chez une femme surnommée La Rousse. Jeanne l'aidait pour la cuisine et le ménage, prodiguant ses soins à ceux qui, trop âgés ou trop inquiets, se laissaient gagner par la peur. Sans le dire, nous craignions tous de retrouver le village brûlé ou pillé à notre retour. Que deviendrions-nous alors ? La **miséricorde** de Dieu voulut qu'il n'en fût pas ainsi.

S'il en avait été besoin, ces quelques jours passés dans l'inquiétude chez La Rousse, à Neufchâteau, auraient sans doute conforté Jeanne dans sa détermination à partir. Mais elle ne doutait pas de sa mission. Pas plus que mes

parents ne doutaient qu'elle retournerait à Vaucouleurs tenter une nouvelle fois de fléchir Robert de Baudricourt. Plus d'une fois, je les ai surpris, lors des longues soirées du dernier hiver passé par Jeanne à Domremy, jetant des regards vers elle, à la dérobée, comme pour mieux percer à jour ses intentions. Jeanne, comme si de rien n'était, parlait, cousait, riait, attisait le feu de la cheminée. Lorsqu'un voyageur venait à demander l'hospitalité, elle le pressait de questions, voulant tout connaître des événements de France, de la situation militaire. Il en avait toujours été ainsi.

Était-elle plus curieuse que nous ? Je crois que Jeanne avait le goût de parler. Je n'ai jamais su, comme elle, m'exprimer avec aisance. C'était comme si les mots lui venaient naturellement. Elle retenait tout ce qu'on lui disait, savait le répéter à propos, ne se trouvait jamais à court d'idées. Même notre curé avait moins de répartie qu'elle. Mais dans les temps qui ont précédé son départ, elle alternait propos enflammés et longues périodes de silence. Son humeur trahissait l'impatience, elle piaffait comme une jument à l'écurie et se montrait parfois peu aimable à notre endroit.

Voilà qui explique peut-être que nos parents n'auraient pas été fâchés de voir Jeanne mariée au plus vite. L'occasion se présentant, ils auraient volontiers laissé l'affaire se conclure. Or cette occasion est advenue. Il y avait alors un jeune homme des environs, je ne sais plus son nom, qui s'était épris de ma sœur. Elle ne lui avait jamais parlé, je crois ; elle n'adressait guère la parole aux garçons, même les jours de fête. Le **prétendant** crut pourtant avoir gagné sa main et par dépit, lorsqu'il comprit qu'il n'en était rien, la fit citer devant le tribunal de l'**officialité** à Toul. Jeanne n'eut guère de mal à prouver que jamais elle n'avait fait de promesse à cet homme, et qu'en conséquence elle ne pouvait avoir trahi sa parole.

Néanmoins, n'est-il pas étonnant de constater que cette année-là, déjà, elle s'est retrouvée devant un juge pour répondre de ses actes et de ses paroles ? Pour moi qui ne lui ai jamais connu **fourberie** ni malice, pour moi qui connais la

Prétendant : jeune homme qui veut épouser une jeune fille.
Officialité : tribunal ecclésiastique.
Fourberie : ruse.

droiture de sa courte existence, il reste incompréhensible que la destinée de Jeanne ait été de devoir toujours rendre compte de ses actes devant des tribunaux. Le soupçon ne frapperait-il que les âmes pures ?

J'ai promis de dire la vérité. Je ne puis, en conséquence, dissimuler que, moi aussi, j'ai douté. Douté des raisons qui ont conduit Jeanne à vouloir quitter Domremy. Catherine, notre sœur aînée, venait de mourir **en couches**. Jeanne était au désespoir. Et je me demandais si son refus du mariage ne tenait pas à la peur qu'elle avait des hommes ou de l'enfantement. N'est-il pas dans l'ordre des choses de prendre mari ou épouse ? Je ne comprenais pas alors que sa voix dictait à ma sœur une autre conduite. Aussi avais-je tendance à la tenir pour un peu **exaltée**, tout en la chérissant comme on chérit la petite dernière de la maison.

En couches : en accouchant.
Exalté : très excité.

La nature, créée par Dieu, veut que les femmes accouchent. Mais Dieu, qui peut tout, ne peut-il choisir d'assigner une autre mission à l'une de ses créatures ? Un jour Jeanne devait me confier que dans les semaines qui précédèrent son départ, définitif celui-là, elle attendait de se lancer dans cette aventure avec l'impatience d'une femme enceinte d'enfant. Ce sont les mots qu'elle a prononcés, je m'en souviens très précisément.

Voilà pour moi un bien grand mystère. Comme si Dieu avait suscité en elle un étrange désir maternel qui ne passait pas par la naissance d'un enfant, mais par le départ de la maison familiale, par la conduite d'une armée et par la guerre, qui sont ordinairement affaires d'hommes. Encore aujourd'hui, je m'interroge sur le sens de cette **élection**. Je crois de plus en plus fermement que Dieu est auprès des humbles plus que des grands, de ceux qui ne peuvent ni ne savent plus que des puissants et des savants ; et, peut-être, des femmes du peuple plus que des seigneurs de la cour.

Je sais aussi que c'est à Marie que l'ange Gabriel a annoncé la venue du Christ, « Notre Sire, le Roi de tout le monde », comme aimait à l'appeler Jeanne. Un clerc, savant en théologie, m'a fait un jour remarquer que, de la même façon que la Bienheureuse Vierge Marie avait racheté les fautes d'Ève pécheresse, Jeanne ma sœur avait reçu la mission de sauver la couronne de France que la reine **Isabeau** avait, hélas, dû céder aux Anglais. Les hommes d'Église aiment bien ces comparaisons, mais je ne sais pas toujours comment les comprendre. Ceux-là même qui vantent les mérites et les vertus de Jeanne aujourd'hui n'ont-ils pas trouvé autant d'arguments pour la condamner hier, sous prétexte qu'elle s'habillait comme un homme ? Ne l'ont-ils pas brûlée comme **hérétique** ?

Élection : ici, choix de Dieu.
Isabeau : reine de France, femme de Charles VI et mère de Charles VII.
Hérétique : personne qui défend une doctrine qui s'écarte de la foi catholique.

LA FEMME est souvent résumée à deux figures : celle d'Ève pécheresse et celle de Marie, mère du Christ. Placée sous la sujétion du père puis du mari, elle contribue à l'économie domestique et élève ses enfants. Mais elle joue aussi un rôle social considérable, comme veuve, comme religieuse, et même comme artiste ou femme de lettres.

Femmes aux champs

Le travail des femmes

Adam bêchant, Ève filant : ce partage des tâches qui nourrit les représentations collectives ne correspond qu'en partie à la réalité. Les femmes aussi participent aux grands travaux agricoles comme la moisson, ainsi qu'en témoigne la riche iconographie médiévale. Pour autant, les travaux domestiques occupent une part importante de leur temps. Et dès son enfance, la jeune fille s'exerce à manier la quenouille avant d'apprendre éventuellement à œuvrer sur le métier à tisser. Jeanne elle-même devait déclarer lors de son procès : « Je ne crains femme de Rouen pour filer et coudre. »

Femmes tissant

Scène de naissance

La fécondité
Ci-contre à gauche : les deux parents, nus dans leur lit à l'exception de leur coiffe, reçoivent leur enfant de la Sainte Trinité (le Père, le Fils et le Saint-Esprit symbolisé par la colombe). C'est une manière de célébrer la fécondité du mariage placé sous la protection de Dieu.

« Catherine, notre sœur, venait de mourir en couches. Et Jeanne était au désespoir. »

Les nouveaux-nés
Après la naissance le bébé est étroitement emmailloté, et ses membres se trouvent ainsi entravés.
Le nourrisson est rarement changé et l'hygiène est médiocre. Voilà qui explique pour partie que la mortalité infantile soit alors très élevée. Quant aux femmes, elles meurent souvent en couches.

Femme peignant son autoportrait

Un rôle dans l'art et la culture
À l'aide d'un miroir, une femme (à droite) peint son autoportrait. L'art se veut ici approche de l'intimité. D'autres femmes, à l'exemple de Christine de Pisan, s'imposent comme de grands écrivains.

Le départ de Vaucouleurs

L'hiver suivant – c'était en l'an de grâce 1429 –, Jeanne s'en est allée. Pendant un bon mois, nous n'avons rien su d'elle. Ce n'est que peu à peu, grâce à des témoignages, que nous avons pu reconstituer, par morceaux, son histoire. Et plus tard, elle nous raconta ce que nous ignorions.

Une deuxième fois, Robert de Baudricourt l'éconduisit sans ménagement. Mais Jeanne ne fléchit pas. Elle avait trouvé un logement dans une famille de Vaucouleurs et n'en finissait plus de harceler chacun. Il fallait, répétait-elle, qu'elle rencontrât le roi avant la **mi-carême**. Son obstination l'emporta, puisqu'elle parvint à convaincre notre oncle Durand Laxart et un habitant du lieu de lui acheter un cheval. Elle les persuada même de tenter l'aventure avec elle. Et la maigre troupe prit la route. Au bout de quelques **lieues**, pourtant, Jeanne **se ravisa** et fit demi-tour.

– Ce n'est pas ainsi qu'il nous convient de nous éloigner, s'expliqua-t-elle alors.

Mi-carême : jeudi de la troisième semaine de carême.
Lieue : environ 4 km.
Se raviser : changer d'avis.

Fort heureusement, car on peut imaginer ce qu'il serait advenu de ces trois paysans errant sur les routes infestées de soldats et de brigands. Mais ce n'est pas la peur qui leur fit alors rebrousser chemin : Jeanne avait simplement pris conscience de ce qu'il fallait donner plus d'éclat à son entreprise. Le roi aurait-il accepté de recevoir la petite bande sans autre recommandation ?

La renommée de Jeanne commençait cependant à s'étendre dans la région. Un jour, elle reçut un **sauf-conduit** du duc de Lorraine pour qu'elle vînt le trouver en son château de Nancy. Je crois bien qu'il espérait de ma sœur quelque recette pour recouvrer sa santé perdue. Je puis attester que Jeanne n'a jamais prétendu disposer de pouvoirs de guérisseuse, pas plus qu'elle ne s'est à aucun moment prétendue **prophétesse**. Aussi, lorsqu'elle se retrouva devant le duc, s'est-elle contentée de le **sermonner** sur sa conduite, car chacun savait bien dans la région que monseigneur le duc délaissait sa femme pour une fille dont il avait eu plusieurs **bâtards**. Non contente de lui donner la leçon, Jeanne osait encore lui demander une **escorte** pour rejoindre le dauphin... Le vieil homme ne l'écouta pas. Il devait trouver cette jeune paysanne bien **impertinente**.

Mais Jeanne commençait à se gagner l'amitié de ceux qui allaient devenir ses compagnons de

Sauf-conduit : laissez-passer.
Prophétesse : personne qui annonce l'avenir.
Sermonner : faire des reproches.
Bâtard : enfant né hors mariage.
Escorte : troupe d'accompagnement.
Impertinent : insolent.

chevauchée. Ce fut d'abord Jean de Metz, alors **écuyer** de messire Robert. Il l'avait accompagnée à Nancy et lui avait promis, mettant sa main dans la sienne en guise de foi jurée, qu'il la conduirait jusqu'au roi.

– Quand voulez-vous partir ? lui avait-il demandé.

– Plutôt maintenant que demain et demain que plus tard, lui avait répondu Jeanne, toujours aussi impatiente de prendre la route.

Auprès de Jeanne il y eut encore Bertrand de Poulengy, Colet de Vienne, messager royal, habitué de la route de Vaucouleurs à **Chinon,** dont il connaissait tous les pièges et **embuscades**, et un certain Richard Larcher. Auxquels il faut ajouter les deux serviteurs de messires Jean et Bertrand. Une demi-douzaine d'hommes pour traverser la France occupée par les Anglais, voilà une escorte des plus réduites. Au moins ces hommes savaient ils se battre. De toute façon, pour Jeanne, l'affaire était entendue, la voie serait libre, et si par aventure des hommes en armes s'interposaient sur sa route, Dieu lui fraierait un chemin vers le dauphin Charles.

Robert de Baudricourt, lui-même, voulait désormais y croire. « Va et qu'il arrive ce qu'il pourra advenir », aurait-il soufflé à Jeanne. Celle-ci était vêtue en homme, portait **chausses** et **jambières** offertes par les habitants, elle portait l'épée

Écuyer : gentilhomme au service d'un chevalier.
Chinon : ville des pays de Loire (ouest de la France) où se trouve alors le dauphin.
Embuscade : piège que l'on tend pour attaquer par surprise.
Chausses : vêtement masculin qui couvre le corps de la ceinture jusqu'aux genoux.
Jambière : pièce d'étoffe recouvrant et protégeant la jambe.

que lui avait confiée messire Robert. Le grand voyage pouvait commencer.

Lorsque je repense à ma sœur et à ses six compagnons, seuls sur une route menacée autant par les brigands que par les soldats anglais et bourguignons, je frémis encore de ce qui aurait pu lui arriver. Je sais que les dangers ne devaient pas lui être épargnés par la suite ; qu'elle serait blessée à plus d'une reprise. Mais la guerre est l'affaire d'armées équipées, protégées, encadrées. Et pour ma part, je n'ai jamais combattu sans veiller de loin sur la sécurité de Jeanne.

Tout autre était de chevaucher par les routes de France, en ce temps-là. C'était courir en permanence grand péril, être constamment sous la menace d'une mauvaise surprise, risquer de se voir attaqué jusque dans son sommeil.

Hommes expérimentés, les compagnons de Jeanne restaient fort heureusement prudents. Les nuits d'hiver sont longues et ils avaient décidé de tirer profit de l'obscurité pour avancer à moindre risque, en évitant de se montrer. Colet de Vienne connaissait tous les **gués**, tous les sentiers, et nombre de lieux où

Gué : passage peu profond d'une rivière, que l'on peut franchir à pied.

trouver refuge. Il savait aussi où se trouvaient les **garnisons** ennemies.

Pour une fois, Jeanne devait se résoudre à ne pas entendre la messe quotidiennement. Le petit groupe fit escale dans des abbayes. La nuit, Jeanne dormait tout habillée aux côtés de Bertrand de Poulengy et de Jean de Metz. Aussi extraordinaire que cela puisse paraître, ni l'un ni l'autre ne lui manquèrent jamais de respect. Bertrand de Poulengy m'a confié depuis qu'ils avaient tous été gagnés par la foi de Jeanne, qu'ils ne doutaient plus qu'elle fût envoyée par Dieu. Jeanne leur répétait qu'elle était née pour accomplir sa mission. Voilà qui forçait le respect. Les **privautés** n'étaient pas de mise. C'est une chose que j'aurais souvent l'occasion de remarquer par la suite : jamais les soldats ne se risquaient à se montrer trop familiers avec Jeanne. Et leur conduite, en sa présence, était marquée par une retenue qui fait ordinairement défaut chez les hommes d'armes pendant la guerre. Bertrand de Poulengy s'en est expliqué un jour auprès de moi :

Garnison : lieu où se trouvent rassemblés les soldats.
Privauté : familiarité irrespectueuse.
Dit : parole.

– J'avais grande confiance dans les **dits** de la Pucelle et j'étais enflammé de ses dits et d'un amour pour elle, divin, à ce que je crois.

Les étapes se succédèrent : Saint-Urbain, Clairvaux, Pothières, Auxerre, Mézilles, Viglain, La Ferté, Saint-

Aignan, **Sainte-Catherine-de-Fierbois**. Là, dans l'**hospice** du sanctuaire, Jeanne écrivit deux lettres. La première était adressée au roi. Elle lui expliquait qu'elle avait chevauché quelque cent cinquante lieues pour venir vers lui et lui porter secours, lui demandait de la recevoir. La seconde lettre était destinée à nos parents. Je me souviens encore avec émotion du jour où nous l'avons reçue. Jeanne demandait pardon pour son départ. Dieu le lui avait commandé, écrivait-elle, il fallait donc que cela fût. Nous avons tous bien pleuré en découvrant ces mots, les premiers de Jeanne depuis son départ de Domremy. Mais ce n'était plus l'heure de refuser le fait accompli. Jeanne, nous n'en doutions plus, se trouvait déjà aux côtés du roi.

Sainte-Catherine-de-Fierbois : sanctuaire situé au sud de Tours.
Hospice : maison où les religieux offrent l'hospitalité aux voyageurs.
Pèlerinage : voyage que l'on fait vers un lieu saint pour des raisons religieuses.
Jubilé : ici, fête.
Frère mendiant : religieux qui a fait vœu de pauvreté et qui ne vit que d'aumônes.

C'est alors que ma mère décida qu'elle partirait en **pèlerinage** au Puy où l'on célébrait, cette année-là, un grand **jubilé**. Elle s'y rendrait donc pour prier, et demander à Dieu protection et miséricorde pour sa fille bien-aimée. Je sais que c'est à cette occasion qu'elle fit la connaissance d'un **frère mendiant** nommé Jean Pasquerel qui officiait alors comme lecteur au couvent de Tours. Homme de grande piété, il fit la promesse à ma mère de veiller sur sa fille lorsqu'il regagnerait la Touraine. Il devait devenir son confesseur et ne plus la quitter jusqu'à sa capture à Compiègne.

J'ai souvent repensé à cette étape de Jeanne à Sainte-Catherine-de-Fierbois. Elle m'a dit elle-même la grande joie qu'elle avait eue à prier en ces lieux. Chez nous, à Domremy, nous avons toujours eu pour **sainte Catherine** une **dévotion** très forte. Depuis sa tendre enfance, Jeanne portait un anneau à l'image de celui que Jésus Christ a offert à cette sainte. Et ceux qui connaissent l'histoire de la Pucelle savent qu'elle a nommé sainte Catherine et saint Michel comme les deux voix qui la guidaient dans sa mission. Tous deux combattent l'**hérésie** et le mal, tous deux protègent les chevaliers, tous deux brandissent l'épée. Et sainte Catherine, reine des Vierges, veille sur les prisonniers ; je puis en attester, moi qui l'ai invoquée à maintes reprises du fond de mon cachot.

Sainte Catherine : restée vierge, Catherine a eu des visions du Christ et de Marie dans sa prison avant de connaître le martyre.
Dévotion : culte particulier rendu à un saint.
Hérésie : doctrine contraire à la foi catholique.
Conjonction : rencontre.

Comment ne pas être troublé par la **conjonction** de ces signes ? Il y a, je crois, comme un lien invisible tissé par Dieu entre sainte Catherine et Jeanne, toutes deux pucelles et combattantes, toutes deux emprisonnées et martyrisées.

LES SAINTS sont au cœur de la spiritualité et de la dévotion médiévales. Le fidèle apprend à les connaître dans les églises grâce aux innombrables statues qui les représentent. Il entend raconter leur vie. Le saint s'impose comme un intermédiaire privilégié entre les hommes et Dieu. On lui demande protection ou guérison.

Sainte Catherine

Les pèlerinages

Par simple dévotion ou pour expier un péché, nombre de fidèles accomplissent la route qui les mènera vers un sanctuaire, proche ou lointain, dédié à la Vierge, ou à un saint dont on garde précieusement les reliques. C'est pour avoir peut-être accompli un pèlerinage à Rome que la mère de Jeanne est désignée sous le nom d'Isabelle Romée.

Les voix de Jeanne

Saint Michel, dont figure une représentation sculptée dans l'église de Domremy, est la principale des apparitions de Jeanne. Lors de son procès, elle nomme aussi sainte Catherine et sainte Marguerite. La première était la patronne de la paroisse de Maxey-sur-Meuse, à proximité de Domrémy ; la seconde, qui veille sur les femmes en couches, avait sa statue dans l'église même de Domrémy. Sainte Marguerite garde les moutons, tient une quenouille comme l'a fait Jeanne en son enfance ; et comme sainte Catherine, Jeanne portera l'épée.

Saint Michel

Le dauphin a fait représenter sur ses étendards saint Michel terrassant le dragon. La croyance veut que

l'archange ait défait les Anglais lorsque ceux-ci ont tenté de s'emparer du Mont dont il est le patron.

Sainte Marguerite gardant les moutons

“Il y a, je crois, comme un lien invisible tissé par Dieu entre sainte Catherine et Jeanne, toutes deux pucelles et combattantes.”

Saint Michel terrassant le dragon

Les reliquaires
Pour abriter les restes des saints ou les objets leur ayant appartenu, les artistes du Moyen Âge sculptent d’innombrables reliquaires, en or ou en argent, en ivoire ou en bois précieux.

Le dragon
C’est une figuration de Satan, le mauvais ange, chassé en enfer par saint Michel.

Reliquaire de l’Ombilic du Christ

La bergère et le dauphin

Le onzième jour, peu avant midi, Jeanne et son escorte virent soudain se profiler à l'horizon les murailles de Chinon, plantées sur la falaise qui domine la **Vienne**. Ma sœur m'a raconté depuis l'émotion qui l'avait étreinte au moment de franchir la porte de la petite cité blottie au pied de la citadelle. Enfin, elle touchait au but. Avant la mi-carême, avait-elle clamé haut et fort à Vaucouleurs, il fallait qu'elle fût auprès du dauphin. Dieu l'y avait conduite en temps et en heure, en lui épargnant les embûches de la route. Et il lui suffisait maintenant de lever les yeux vers le château pour apercevoir les fenêtres derrière lesquelles séjournait celui qu'elle avait pour mission de conduire à Reims.

La Vienne : affluent de la Loire.

Le cœur battant, Jeanne mit pied à terre. La ville était alors fort peuplée, comme le sont toujours les cités où résident le roi et la cour. Et j'ai souvent pensé que plus d'un habitant avait dû ce jour-là observer avec surprise cet étrange spectacle d'une jeune fille vêtue en garçon, coiffée comme un garçon, les habits couverts de la poussière du voyage, marchant dans les rues étroites en tirant son cheval par les rênes.

Jeanne et ses compagnons s'installèrent dans une hostellerie. Il fallait attendre à présent que le roi voulût bien recevoir la jeune paysanne de Domremy. L'affaire n'allait pas de soi, quoi que Jeanne en eût pensé. Certains personnages de la cour m'ont depuis rapporté qu'il s'était trouvé dans l'entourage du roi des hommes et des femmes pour le **dissuader** de recevoir une aventurière surgie on ne savait comment d'une terre en grande partie gagnée à l'ennemi. Il y en avait qui la tenaient pour folle.

Dissuader : amener à renoncer.
S'enquérir : s'informer.

Pendant deux jours, des conseillers royaux furent dépêchés auprès de Jeanne pour **s'enquérir** de ses intentions. Invariablement, elle répétait le même

discours. Elle devait, sur **mandat** du roi des Cieux, délivrer Orléans et faire sacrer le dauphin à Reims. Pour le reste, elle ne parlerait qu'au roi en personne dont elle affirmait **péremptoirement** qu'il n'aurait de secours que d'elle.

Je ne suis pas sûr que Charles VII aurait jamais accordé audience à Jeanne s'il n'avait, à point nommé, reçu **missive** de Robert de Baudricourt lui relatant toute l'histoire. L'intervention de messire Robert, fidèle capitaine, soldat **éprouvé**, donnait quelque **crédit** à cette incroyable aventure, et il me plaît de penser que celui-là même qui, peu auparavant, voulait que l'on donnât des claques à cette fille qu'il

Mandat : ordre.
Péremptoirement : d'un ton catégorique.
Missive : courrier.
Éprouvé : qui a fait ses preuves.
Crédit : valeur, importance.

prenait pour une jeune impertinente, **légitimait** à présent son entreprise. Le roi finalement se laissa fléchir. D'ailleurs, pouvait-on refuser de recevoir une personne qui se disait envoyée par Dieu ? Ne fallait-il pas au moins écouter son message ?

Peu après le crépuscule, le dimanche 6 mars, le roi fit mander Jeanne. Entourée de ses compagnons de voyage, précédée par l'envoyé du dauphin, ma sœur gravit la ruelle qui conduisait au château, et pénétra dans le logis royal, éclairé de dizaines de torches, baigné d'une lumière dont jamais nous n'aurions imaginé, nous simples paysans, qu'elle pouvait à ce point faire le jour dans l'obscurité. Il y avait quelque chose d'étrange dans ces ombres dansant sur les murs, celles des **courtisans** massés dans la grande salle. Jeanne m'a rapporté que lorsqu'elle franchit le seuil de cette pièce qui lui parut immense, avec ses hauts murs couverts de tapisseries, un imperceptible murmure remplaça soudain l'éclat des voix. Les conversations s'étaient tues et l'assistance tout entière **scrutait** à présent la petite paysanne. J'imagine tous ces grands seigneurs vêtus de riches **brocarts** dévisageant ma Jeannette, mise simplement, **hâlée** comme seuls le sont ceux qui passent leur vie aux champs, à l'exception de sa nuque encore blanche parce qu'hier encore recouverte de la longue chevelure que je lui avais toujours connue.

Légitimer : rendre juste, légitime.
Courtisan : personne attachée à la cour d'un seigneur ou d'un roi.
Scruter : observer.
Brocart : tissu de soie avec des dessins en fils d'or et d'argent.
Hâlé : bronzé.

Juste avant l'entrevue, Jean de Metz avait, dans l'hostellerie, indiqué à Jeanne comment saluer le roi.

– Et ma foi, devait-elle me confier en riant, je ne m'en suis pas trop mal acquittée.

Ma chère Jeannette ! Tout, je crois, lui paraissait simple, comme lui paraissait évident qu'entre tous ces grands personnages du royaume de France, elle reconnaîtrait avec certitude son seigneur, le dauphin Charles.

Je dois dire ici, pour le respect de la vérité, que je n'ai pas souvenir de ce qu'elle m'ait jamais rapporté cette histoire qui court à présent sur sa première entrevue avec le roi. À en croire certains, il aurait délibérément choisi de se faire passer pour un autre et, à ma sœur se présentant devant lui, aurait **rétorqué** en désignant l'un des seigneurs de l'assemblée :

– Ce ne suis-je pas le roi, Jeanne. Voilà le roi.

Les événements se déroulèrent peut-être ainsi, je ne sais. Encore que l'idée d'une telle **mascarade** de carnaval me laisse, je l'avoue, un peu perplexe. Jeanne m'a seulement fait part de ce que monseigneur le dauphin se tenait en retrait. Une chose est de se placer à l'écart, une autre est de tromper son interlocuteur. Le roi voulait peut-être observer Jeanne à loisir avant d'engager le dialogue avec elle. Mais qu'importe en définitive ! Jamais elle n'eut conscience, je crois, de ce que l'on aurait pu chercher à se jouer d'elle. Lors de son procès,

Rétorquer : répondre vivement.
Mascarade : mise en scène trompeuse.

alors qu'on l'interrogeait pour savoir s'il y avait quelque ange sur la tête de son roi, lorsqu'elle le vit pour la première fois, Jeanne répondit avec cette simplicité dont elle ne se **départit** jamais :

– Par la bienheureuse Marie, s'il y était, moi ne sais et je ne le vis pas...

Elle sut en tout cas le distinguer entre tous. Et, le saluant comme il sied, elle lui déclara :

– Très noble seigneur dauphin, je suis venue et suis envoyée de par Dieu pour porter secours à vous et au royaume.

Se départir : abandonner.
Réserve : discrétion, timidité.
Métamorphose : grande transformation.

Pour moi, lorsque j'imagine cette rencontre surprenante entre le roi de France et la « bergerette » de Domremy, entre le ministre de Dieu sur la terre et celle que je tiens assurément pour une envoyée du Ciel, il me semble que dans cette grande salle de Chinon, ma sœur Jeanne et le dauphin Charles ne pouvaient que se reconnaître, Jeanne, paysanne habillée en garçon, le roi Charles vêtu sans que son habit reflétât sa majesté, comme s'il abandonnait le luxe aux membres de son entourage, pour beaucoup bien plus riches que lui.

Et le plus étonnant est peut-être que dans cette entrevue, ce fut la bergère qui témoigna de la plus ferme assurance, quand monseigneur le dauphin eut du mal à surmonter sa **réserve** ordinaire. C'est là chose bien connue. Comme est connue la **métamorphose** du roi après un

entretien qu'il eut avec Jeanne en privé. Les témoins en sont tous d'accord : il en ressortit le visage radieux, confiant à quelques proches que Jeanne lui avait dit certain secret que personne ne pouvait savoir, si ce n'est Dieu.

Je n'en ai jamais su davantage et je connaissais bien trop Jeanne pour ignorer que si je lui avais demandé des précisions sur cette phrase **énigmatique**, elle ne m'aurait pas répondu. Elle l'a vigoureusement affirmé pendant son procès : jamais elle n'a dit et dévoilé à personne les révélations que Dieu lui a faites et qu'elle a transmises au roi seul. Elle ne les livrerait pas, dût-on lui couper la tête. Pour ma part, je me refuse à hasarder des **hypothèses**. C'est bien le moins que je puisse faire en hommage à ma sœur bien-aimée.

Selon Jean Pasquerel, elle a, en tout cas, assuré au dauphin qu'il était bien le vrai héritier de France, fils de roi, et qu'il serait bientôt sacré et couronné à Reims.

Cette première entrevue aura suffi à **sceller** le destin de Jeanne. Le roi ordonna sur-le-champ qu'on lui préparât un logement dans la tour du Coudray, voisine du Grand Logis où lui-même séjournait. Il lui offrit les services du jeune Louis de Coutes, que j'ai bien connu, un gentil garçon très dévoué qui allait devenir son **page**.

C'est lui qui m'a rapporté cette **anecdote**, survenue le lendemain ou le surlendemain de l'arrivée de Jeanne. La

Énigmatique : mystérieux.
Hypothèse : supposition.
Sceller : fixer.
Page : jeune noble placé au service d'un seigneur.
Anecdote : petite histoire.

tour s'animait constamment des allées et venues des grands seigneurs qui voulaient faire connaissance de la Pucelle, ainsi que chacun l'appelait désormais. Louis introduisait auprès d'elle ces visiteurs de haut rang. Comme à son habitude, Jeanne passait le plus de temps possible en prière, à genoux dans sa chambre, mais elle ne manifestait jamais d'impatience lorsqu'il lui fallait s'interrompre pour satisfaire la curiosité de tous ces personnages de l'entourage royal. Le soir venu, pourtant, Louis remarqua des larmes coulant sur son visage. Elle murmurait des mots qu'il n'entendait pas.

Jeanne lui confia alors se trouver bien seule, si loin de sa chère famille, si loin de Domremy.

– J'aimerais tant que Pierre et Jean fussent auprès de moi.

L'instant d'après pourtant, elle souriait à nouveau, et répétait joyeusement :

– Dieu le veut, Dieu le veut.

Je devais souvent remarquer par la suite ces moments d'**abattement** soudain. Ordinairement enthousiaste, inébranlable dans sa fermeté, Jeanne devenait alors plus sombre, comme si elle se trouvait tout à coup écrasée par le poids de sa mission. Plus d'un témoin, à ces moments-là, l'a entendue déclarer :

Abattement : tristesse.

– Un an, je durerai un an, guère plus.

Hélas, elle disait vrai.

DANS UN MONDE essentiellement rural, la ville fait figure d'exception. Derrière ses murailles qui la protègent, elle développe son lacis de ruelles. Ses hautes maisons à pans de bois se serrent autour des nombreuses églises, des riches demeures en pierre et des palais princiers ou royaux.

Le château et la tour de l'Horloge de Chinon

Façade de l'hôtel de Jacques Cœur à Bourges

Une riche demeure
L'argentier du roi, Jacques Cœur, choisit de se faire représenter ainsi que sa femme à la façade de son splendide hôtel.

Les rues
Souvent très étroites, rarement pavées, elles offrent un spectacle animé et bruyant. Les auvents et les étals présentent leurs marchandises, annoncées par des enseignes. La rue est aussi lieu de fête et de spectacle, de processions, de représentations théâtrales.

La population
Le réseau urbain est dense à la fin du Moyen Âge. Une trentaine de villes dépassent les 10 000 habitants. Paris abrite 200 000 âmes, Lyon 50 000. Les épidémies (notamment la Peste noire) ajoutées aux autres difficultés ont certes dépeuplé nombre de villes. Mais la récupération est rapide dès la fin de la guerre de Cent Ans.

“Jeanne et son escorte virent soudain se profiler à l’horizon les murailles de Chinon...”

Le château de Chinon
Ses ruines se dressent toujours au-dessus de la Vienne. C’est ici que Jeanne rencontra pour la première fois Charles VII. À cette date, le roi de France ne contrôle que les territoires situés au sud de la Loire et la cour se déplace de Bourges à Loches ou de Loches à Chinon. Si les Anglais investissent Orléans, c’est que la ville commande l’un des deux seuls ponts qui franchissent le fleuve.

Une entrée royale
Les entrées royales dans les bonnes villes de France ou à Paris, capitale du royaume, donnent lieu à une cérémonie très officielle : les habitants viennent aux portes de la ville accueillir leur souverain vêtu du costume fleurdelysé. Le cortège s’avance au son des trompettes.

Magistrats remettant les clefs de Limoges au duc de Berry

Entrée de Charles V à Paris, le 28 mai 1364

Les clefs de la ville
Lorsque le roi ou l’un de ses représentants paraît, lorsque un ennemi s’empare d’une ville, les bourgeois lui présentent les clefs de leur cité en guise d’accueil ou de reddition.

L'attente

Je crois que, dès son arrivée à Chinon, Jeanne a suscité l'admiration de plus d'un grand seigneur de la cour. Elle se trouvait, à ce que l'on m'a rapporté, au centre de bien des conversations et de bien des **spéculations**. Se pouvait-il que cette jeune paysanne réussît là où les meilleurs capitaines avaient échoué ? Se pouvait-il qu'elle délivrât Orléans ?

Le premier à s'émerveiller, s'il m'est permis ici de ne pas tenir compte du roi qui n'est pas, je crois, homme à s'émerveiller, fut le duc d'Alençon. Il résidait alors à Saumur. Dès qu'il apprit la venue à Chinon d'une pucelle qui se disait envoyée par Dieu pour chasser les Anglais hors de France, il chevaucha à bride abattue jusqu'à la demeure royale. Jeanne lui fut présentée et manifesta à le voir bien du **contentement**. Elle considérait que l'intervention de toute personne de sang royal renforçait le camp français. Tout paysans que nous étions, nous n'ignorions pas qu'un même sang coule en Clovis, saint Charlemagne et Saint Louis, celui-là même qui coule à présent dans les veines du roi Charles. Et cette longue lignée bourgeonne en rameaux, qui font du royaume de France le plus chrétien et le plus catholique de tout l'Occident.

Spéculation : réflexion, hypothèse.
Contentement : satisfaction.

Pendant longtemps, monseigneur le duc avait été

prisonnier en Angleterre. Moyennant rançon, il avait pu rentrer en France, mais il n'avait pas eu le droit de reprendre le combat avant que toute la somme destinée à sa libération ne fût acquittée. Le hasard, ou plutôt la **providence**, voulut que le **duc de Bedford** lui donnât enfin **quittance** de sa dette peu après la délivrance d'Orléans. Dès lors, le « beau duc », comme aimait à l'appeler Jeanne, fut auprès d'elle de tous les combats, et il le serait encore après elle.

Le lendemain de sa première rencontre avec Jeanne, il put la voir, non loin du château, s'entraîner à la lance dans les prés. Tous ceux qui ont vu ma sœur à l'exercice savent que c'était grande merveille de la voir chevaucher, tournoyant avec aisance comme si elle avait appris à guerroyer depuis sa tendre enfance. Il semble que le Seigneur notre Dieu ait sur ce fait suffisamment pourvu à son éducation, car j'ai depuis constaté que, sur les champs de bataille, l'agilité et la **dextérité** de Jeanne ne furent jamais prises en défaut. Monseigneur le duc d'Alençon en fut si content qu'il offrit aussitôt à ma sœur un beau cheval, ce dont elle lui sut infiniment gré.

Voilà pourtant qui ne suffisait pas encore à **dissiper** toutes les craintes de monseigneur le dauphin. **Cautèle** est certes vertu princière. Il fallait encore que Jeanne comparût deux fois devant

Providence : ordre des choses voulu par Dieu.
Duc de Bedford : frère du roi d'Angleterre Henri V. À la mort de celui-ci, il devint régent en France pour Henri VI.
Quittance : reconnaissance du règlement d'une dette.
Dextérité : habileté.
Dissiper : faire disparaître.
Cautèle : prudence.

gens d'Église et autres clercs théologiens très savants sur les choses de la foi. Une première fois à Chinon, une seconde à Poitiers que Jeanne m'a décrite comme fort belle ville, toute hérissée de clochers. Poitiers servait, en ce temps-là, de refuge à bien des membres de l'Université de Paris qui avaient refusé de passer sous domination anglaise.

Et Jeanne fut donc interrogée. Chacun sait qu'elle s'exprima fort bien. Les questions étaient pourtant difficiles parfois. Et je reste encore aujourd'hui **ébahi** par la façon qu'elle avait de retourner les propos de ses interlocuteurs. L'un d'eux l'avait interpellée en ces termes :

– Tu prétends que ta voix t'a dit : « Dieu veut libérer le peuple de France des **calamités** dans lesquelles il est. » S'il veut le libérer, il ne lui est pas nécessaire d'avoir des gens d'armes.

Ébahi : très surpris.
Calamité : grand malheur.

Jeanne lui répondit sans hésiter :

– Au nom de Dieu, les gens d'armes batailleront et Dieu donnera la victoire.

À un certain frère Seguin qui lui réclamait des signes prouvant que Dieu voulait que l'on crût en elle, elle rétorqua :

– En nom Dieu, je ne suis pas venue à Poitiers pour faire signes, mais conduisez-moi à Orléans, je vous montrerai le signe pour lequel j'ai été envoyée.

Plus abruptement encore, au même frère Seguin, qui,

s'exprimant en **limousin**, lui avait demandé quel langage parlait sa voix, elle avait répliqué :

– Meilleur que le vôtre.

De tels propos auraient pu provoquer l'**ire** de l'assistance. Il n'en fut rien, sans doute parce que les juges de Jeanne surent comprendre que la vivacité de cette paysanne qui s'exprimait directement ne recelait aucune impertinence, mais seulement honnêteté et simplicité. Peut-être un peu d'impatience aussi... Ma sœur devait me confier peu après que tous ces interrogatoires l'empêchaient d'accomplir l'œuvre pour laquelle elle était envoyée et qu'il était grand temps et grand besoin d'agir.

Limousin : patois de la région de Limoges.
Ire : colère.

Au moins s'était-elle acquittée au mieux de toutes ces

mises à l'épreuve. Et, comme les femmes qui l'examinèrent alors confirmèrent qu'elle était bien pucelle, beaucoup commencèrent à croire fermement en elle. L'espérance gagnait les cœurs et c'est à grande escorte de louanges et de prières que Jeanne rallia alors Chinon puis Tours pour se préparer au combat.

C'est là que Jean et moi, ses frères, nous la retrouvâmes. On avait su à Domremy, dans les premiers jours d'avril, que, sur la foi de l'enquête de Poitiers, le conseil du roi avait décidé que Jeanne participerait à la guerre. Des hommes d'armes seraient donnés à son service. Nous voulions combattre aussi, et plus encore nous désirions la revoir. Deux semaines plus tard, nous parvenions à Tours.

Faut-il décrire la joie que j'eus à serrer enfin dans mes bras ma sœur bien-aimée ? La petite paysanne s'était métamorphosée. Elle n'était plus la Jeanne qui jadis venait se blottir contre moi lorsqu'elle avait peur, non plus que la Jeanne mi-**taciturne** mi-impatiente des derniers temps à Domremy. Quelque chose d'**impérieux** émanait d'elle à présent, elle parlait avec autorité, donnait des ordres, et dans la maison de Jean Dupuy chez qui elle séjournait régnait autour d'elle une sorte d'agitation que j'allais apprendre à découvrir dans l'entourage de tous ces grands seigneurs qu'il me serait donné désormais de côtoyer. Sur le coup, j'en fus tout intimidé. Jeanne s'en aperçut qui éclata de rire.

– Attends ! Tu n'as pas encore tout vu !

Elle me conduisit jusque dans une pièce voisine pour me montrer le harnais que le roi venait de faire ciseler pour elle par un artisan de la cité. Magnifiquement travaillé, il s'ajustait parfaitement à son corps et je sais combien il devait la protéger dans les combats, sans hélas suffire à lui épargner les blessures.

Taciturne : silencieux, morose.
Impérieux : énergique et autoritaire.
Exhumer : retirer du sol.

Jeanne possédait désormais aussi une épée. Non plus celle que Robert de Baudricourt lui avait donnée avant son départ ; cette nouvelle arme semblait un signe du ciel. On m'a raconté, en effet, que, sur le conseil de ses voix, elle l'avait fait **exhumer**, quelques jours avant mon arrivée, derrière l'autel de l'église, à Sainte-Catherine-de-Fierbois. De cette épée la rouille s'était miraculeusement détachée lorsque les hommes du clergé l'avaient frottée.

Mais surtout, Jeanne avait passé commande d'un **étendard** qui reste aujourd'hui pour moi le plus juste symbole de sa mission et de son combat. J'en garde fidèle mémoire : elle avait voulu qu'y fût peinte l'image de Notre Seigneur Jésus-Christ, trônant à l'heure du Jugement Dernier dans les nuées du ciel. À ses côtés, un ange tenait en sa main une fleur de lys que bénissait Notre Sauveur. Brodés sur la soie, les noms « Jésus Maria » figuraient comme un cri de ralliement. Se pouvait-il y avoir plus belle image ? Dans toutes les batailles, c'est cet étendard que brandirait Jeanne, et non son épée dont il me plaît encore aujourd'hui de savoir qu'elle n'a jamais tué personne...

Étendard : drapeau.

Un jeudi, nous avons pris la route de Blois où monseigneur le dauphin avait décidé de concentrer son armée. Il fallait regrouper les hommes, rassembler les vivres. Jeanne s'impatientait. De leur côté, les Anglais savaient depuis longtemps à quoi s'en tenir. Ils ne pourraient prétendre avoir été vaincus par surprise... Dès le 22 mars, alors qu'elle se trouvait encore à Poitiers, Jeanne avait dicté une lettre à leur intention, car toujours, j'en atteste, elle s'est efforcée d'éviter la bataille. Elle leur commandait de quitter le royaume. Sinon, menaçait-elle, elle les bouterait hors de France.

CE N'EST PAS l'un des moindres exploits de Jeanne que d'avoir parcouru à faible escorte les centaines de kilomètres qui séparent Vaucouleurs de Chinon. Par la suite, son extraordinaire destinée la conduit, avant comme après son arrestation, à d'incessantes chevauchées dans la moitié nord du royaume.

Domremy
Remaniée et agrandie dès le XVe siècle, la solide maison de pierre où Jeanne a passé son enfance est celle de paysans aisés.

1. Maison de Jeanne à Domremy *2. Porte de France à Vaucouleurs* *3. Palais des Ducs à Poit*

1

3

Loches
Jeanne y retrouve le dauphin après Orléans. C'est probablement ici qu'elle le convainc de gagner Reims afin d'y être sacré.

4. Loches

5. Place du Vieux-Marché à Rouen

Vaucouleurs
Peut-être est-ce par cette porte, seul vestige des fortifications de la cité, que Jeanne a quitté Vaucouleurs au printemps 1429.

Poitiers
Nombre de maîtres de l'Université de Paris ont gagné Poitiers pour se soustraire à la tutelle des Anglais. C'est devant eux que Jeanne comparaît.

> « Jeanne m'a décrit Poitiers comme fort belle ville, toute hérissée de clochers... »

Rouen
Jeanne a vécu ses derniers mois à Rouen, emprisonnée dans la tour Couronnée. La place du Vieux-Marché, où se trouvaient les vieilles halles, conserve de vieilles façades à pans de bois. Elle servait au Moyen Âge de lieu pour les exécutions publiques. C'est ici que la pucelle périt sur le bûcher, le 30 mai 1431.

Premier combat

La ville de Blois et la campagne alentour s'animaient d'une foule comme jamais il ne m'avait été donné d'en voir à Neufchâteau ou à Vaucouleurs. Pour ravitailler la troupe et nourrir les habitants d'Orléans, affamés par le long siège des Anglais, on rassemblait des charrettes chargées de blé et on amenait le bétail. De jour en jour, les capitaines affluaient avec leurs hommes, les uns attirés sans doute par l'appât du gain, les autres par la présence de Jeanne dont la renommée gagnait à présent tout le pays.

À vrai dire, ces rudes soldats, aguerris par les combats, guettaient ma sœur avec curiosité plus souvent qu'avec **considération**. Sa présence leur était chose étrange. Quel rôle pourrait bien jouer une femme – si jeune de surcroît – dans les combats ? En les regardant, je me posais moi aussi, parfois, la question. Jeanne aurait-elle pu seulement **parer** un seul coup de leur épée ? Le roi lui avait donné un écuyer, Jean d'Aulon, qui s'employait à la guider dans son apprentissage militaire. De sa fidélité, je puis attester ; il resterait à ses côtés jusqu'à la triste journée de Compiègne. Mais ce

Considération : estime.

Parer : se protéger d'un coup en le détournant.

compagnon dévoué ne pouvait pallier cette faiblesse physique qui est dans la nature féminine, du moins le croyais-je. N'ayant encore jamais combattu, je n'imaginais pas que le courage et la détermination **suppléent** bien souvent à la force. Et de courage et de détermination, Jeanne ne manquerait jamais.

Suppléer à : remplacer.
Lubie : caprice.
Ribaude : prostituée.
***Veni Creator Spiritus* :** chant religieux.
Morigéner : réprimander.

Pour l'heure, plus d'un s'exaspérait de ce qu'il considérait comme des **lubies** de la Pucelle. Jeanne ne supportait pas les jurons, incitait les hommes à se confesser ; elle expulsait sans ménagement les **ribaudes** qui d'ordinaire s'attachent aux pas du soldat. Elle avait même mis à profit les derniers jours passés à attendre le départ pour faire réaliser une nouvelle **bannière** destinée aux nombreux prêtres qui allaient accompagner l'armée et veiller au salut des soldats. Ils avanceraient chantant le ***Veni Creator Spiritus***. J'ai entendu, un jour, un soldat marmonner :

– Par Dieu, ce n'est plus une guerre, c'est un pèlerinage.

Je n'ai pas rapporté le mot à Jeanne. Elle n'aurait pas manqué de **morigéner** l'impudent… comme elle ne manquait pas de le faire chaque fois qu'elle entendait jurer le nom de Dieu, ce qui, hélas, n'est pas chose rare dans une armée en campagne. Au moins ne le faisait-elle pas en vain. Son autorité était telle qu'Étienne de Vignolle, le vaillant La Hire, n'osait plus jurer que sur son bâton…

Monseigneur le roi Charles – était-ce sage prudence ou

méfiance excessive ? – n'avait pas donné le commandement de l'armée à Jeanne, mais à des capitaines expérimentés. Ma sœur n'en manifesta, à ma connaissance, aucun agacement, ce qui ne l'empêchait pas, lorsqu'elle n'était pas d'accord, de le dire sans détour et souvent même abruptement. Elle ne comprenait pas que ces capitaines qui guidaient la troupe eussent décidé de gagner Orléans par la rive gauche, afin de contourner la ville par le sud puis l'est. Ils voulaient attaquer du côté où la cité se trouvait moins bien défendue. Jeanne aurait voulu, quant à elle, aller au plus rapide.

À la fin du mois d'avril, la petite avant-garde, dans laquelle je me tenais un peu en retrait, parvint aux alentours d'Orléans, en un lieu nommé Le Portereau, où Jeanne, pour la première fois rencontra monseigneur **le bâtard d'Orléans**, à présent comte de Dunois. L'homme qui, depuis des mois, défendait la cité contre les Anglais s'avança au devant de ma sœur qui l'interpella :

– Êtes-vous le bâtard d'Orléans ?

– Oui, je le suis, et je me réjouis de votre arrivée.

– Est-ce vous qui avez donné le conseil que je vienne ici, de ce côté du fleuve, et que je n'aille pas tout droit où sont Talbot et les Anglais ?

– En effet, plusieurs d'entre nous avons été d'avis que ce serait la voie la plus sûre et donc la plus sage.

Le bâtard d'Orléans : fils adultérin du duc Louis d'Orléans et de Mariette d'Enghien.

– En nom Dieu, le conseil du Seigneur notre Dieu est plus sage et plus sûr que le vôtre. Vous avez crû me tromper et c'est vous surtout qui vous trompez ; je vous apporte meilleur secours qu'il ne vous en est venu d'aucun soldat et d'aucune cité : c'est le secours du Roi des Cieux.

Je craignis un moment que le ton péremptoire de Jeanne ne froissât un seigneur de si haut rang. Mais il advint presque aussitôt que le vent tourna. Le bâtard d'Orléans, qui s'inquiétait précisément de ce que les vents d'est empêchaient les **barges** chargées de vivres de remonter la Loire, en fut vivement frappé. Au point de commencer à croire en cette Pucelle dont, depuis quelques semaines, il avait certes entendu parler, mais dont il doutait qu'elle pourrait lui être d'un grand secours.

Barge : embarcation à fond plat.
Lance : unité de combat composée d'un homme d'armes à cheval et de quelques combattants à son service.

Il convainquit Jeanne de pénétrer dans la cité d'Orléans, avec juste une escorte de deux cents **lances** dont je fis partie. Nous traversâmes la Loire en bateau, tandis que le plus gros de l'armée revenait sur ses pas jusqu'à Blois afin d'y passer le fleuve, car les eaux étaient présentement trop hautes pour y aventurer un grand nombre de soldats.

C'est ainsi qu'au soir du dernier vendredi d'avril, nous avons pénétré dans la ville. Décrire la scène m'est chose impossible. Jeanne allait devant, aux côtés du bâtard

d'Orléans, suivie d'une foule de nobles et vaillants seigneurs, au milieu desquels je chevauchais fièrement, moi, le petit paysan de Domremy. S'effaçant devant nous, les habitants de la cité nous acclamaient comme si le temps de la victoire était venu. Leurs yeux brillaient, autant de l'espoir qui renaissait que de la faim qui les tenaillait depuis des semaines. La lumière des torches se reflétait sur nos armures. Et ces rais de lumière au crépuscule donnaient à la scène un aspect étrange, accru par la confusion qui régnait lorsque les rues se resserraient. Je ne voyais pas bien ce qui se passait plus en avant, mais Jeanne m'a raconté que la foule se pressait contre sa monture, chacun voulant la toucher. Si bien que son

pennon prit feu. J'aperçus le cheval de ma sœur se cabrer, faire volte-face. Le feu disparut. C'est elle qui l'avait éteint **prestement**, ce qui suscita l'admiration de l'assistance.

Nous traversâmes ainsi toute la ville jusqu'à la demeure du trésorier du duc d'Orléans, Jacques Boucher, adossée à la muraille. Nous allions séjourner là, au milieu d'un tumulte continuel, une foule d'habitants se pressant en permanence aux portes de la maison dans l'espoir d'apercevoir celle qui leur apportait secours et délivrance.

Dès le lendemain, Jeanne entreprit de faire le tour des **bastilles** anglaises qui cernaient la ville. Devant chacune, elle criait le même message :

– Rendez à la Pucelle ci-envoyée de par Dieu les clefs de toutes les bonnes villes que vous avez prises et violées en France... Je suis venue de par Dieu le Roi du Ciel, corps pour corps, pour vous bouter hors de toute la France !

Je l'accompagnais parfois dans ces vaines tentatives pour éviter que le sang ne coule, souffrant de la voir alors moquée, insultée grossièrement par l'adversaire. Mais je crois que ces railleries de l'ennemi la mettaient moins en colère que le refus du bâtard d'Orléans de lancer l'**offensive** avant l'arrivée du gros de l'armée. Même la procession organisée par les bourgeois de la cité pour prier le Seigneur qu'il veuille bien nous donner victoire n'apaisa pas sa volonté d'en découdre au plus vite. Longtemps, je me

Pennon : petit drapeau porté au bout de la lance.
Prestement : rapidement.
Bastille : ouvrage de fortification.
Offensive : attaque.

IHS
maria

suis interrogé sur cette perpétuelle impatience de Jeanne. Comme si se résigner à attendre un peu plus lui était chose impossible. Aujourd'hui, je crois fermement qu'elle avait raison. Sa mission supposait la **promptitude** : il fallait vaincre au plus vite, avancer droit vers Reims pour y faire sacrer le roi. Que revienne le temps des hésitations, des discussions, des **tergiversations**, que revienne le temps de la politique et des raisonnements **cauteleux**, et l'élan imprimé retomberait.

Et puis un jour, c'était, je crois, le cinquième qui suivit notre arrivée, vint l'heure du premier combat. Il commença sans que nous y fussions préparés. On vint soudain nous avertir que le gros de l'armée, qui venait enfin d'arriver, avait aussitôt entrepris l'assaut de la bastille Saint-Loup. Jamais jusqu'alors je n'avais vu ma sœur pareillement en colère. On n'avait pas jugé bon de la prévenir. Elle **tança** vertement son jeune page Louis de Coutes, assez injustement me semble-t-il, car il **n'y pouvait mais**, cependant que son écuyer et nos hôtes l'aidaient à revêtir son armure. Au grand galop, Jeanne traversa toute la ville. Je la suivais à grand peine.

Promptitude : rapidité.
Tergiversation : hésitation.
Cauteleux : prudent, rusé.
Tancer : réprimander.
N'y pouvoir mais : n'y rien pouvoir.

Lorsqu'elle arriva sur les lieux, les Anglais tenaient bon, appuyant leur défense sur les ruines d'une église. La situation était critique, mais nos hommes reprirent l'assaut, comme portés par la présence de Jeanne. En peu de temps, la bastille fut prise. Premier combat, première victoire. Mais premières victimes aussi. Jeanne ne connaîtrait jamais que des bonheurs obscurcis par la peine. Tous ces hommes morts sans avoir reçu confession, tous ces blessés gémissant de souffrance... Nous avions connu à Domremy les horreurs de la guerre ; c'était à présent le **carnage** de la bataille. Ma sœur pleurait, et j'avais, pour moi, bien de la peine à contenir mes larmes. Je fus malade toute la nuit. Une fois encore, je fus cependant surpris par la rapidité avec laquelle Jeanne pouvait reprendre force et esprit :

Carnage : massacre.

– Allons mon frère, courage, me murmura-t-elle. Il ne se passera pas cinq jours qu'Orléans ne soit délivrée.

Azincourt en 1415, Verneuil en 1424 : les Anglais ont longtemps prouvé leur supériorité sur les Français dans les batailles rangées. Il revient à Jeanne d'Arc d'avoir inversé le cours des événements en remportant la victoire de Patay. L'élan change alors de camp. Pourtant, c'est bien d'abord dans la guerre de siège que s'illustre la Pucelle d'Orléans.

Les enceintes fortifiées
La guerre suppose un entretien constant des enceintes, dont la restauration ou la construction grèvent lourdement l'économie du royaume.

Jeanne dirigeant l'assaut de Paris

Sous les murs de Paris
Paris est sous le contrôle des Anglo-Bourguignons. Et les habitants, informés de l'approche de l'armée royale, ont renforcé les fortifications et préparé la défense de leur cité. Le 8 septembre, Jeanne dirige l'assaut, ainsi que l'exprime le bâton de commandement qu'elle tient à la main. Des hommes portent des fagots pour combler les fossés. Après quoi seraient dressées des échelles. L'artiste n'a pas représenté les canons et les couleuvrines qui, ce jour-là, firent, dit-on, grand vacarme.

Plan de la ville d'Orléans

Orléans
Tout autour de la cité, face aux remparts, les Anglais ont édifié des bastilles qui ont pour nom les Augustins, Saint-Laurent ou Saint-Loup. Ils tiennent également, au pied du pont sur la Loire, rive gauche, la bastille des Tourelles.

L'artillerie à feu
Elle apparaît au XIVe siècle et reste surtout une arme de siège, même si la mise au point d'armes plus légères en rend désormais l'utilisation possible en campagne. Témoignage des progrès de la métallurgie, elle tire des boulets de pierre ou de fer.

L'artillerie mécanique
Catapultes, trébuchets, mangonneaux : les machines de guerre sont diverses. Certaines peuvent propulser des blocs de plusieurs centaines de kilogrammes.

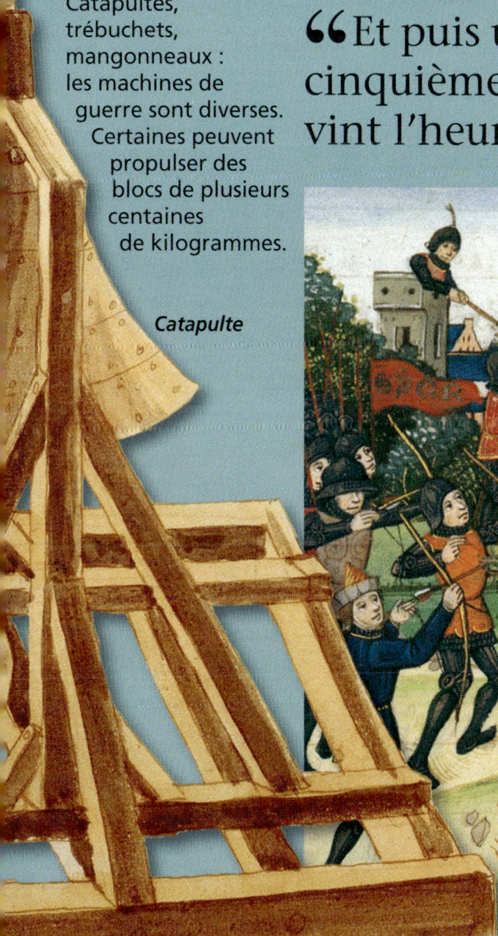

Catapulte

« Et puis un jour, c'était, je crois, le cinquième qui suivit notre arrivée, vint l'heure du premier combat. »

Le temps des victoires

Le jour de l'Ascension de Notre Seigneur Jésus-Christ, jour de **trêve** et de prière, Jeanne voulut encore une fois appeler les Anglais à rentrer chez eux sans autre combat. Elle lia une flèche, qu'elle tendit à un archer pour qu'il l'envoyât dans le camp ennemi. « Que la putain retourne garder ses vaches », fut la seule réponse.

Le lendemain, Jeanne et La Hire, malgré les résistances du gouverneur de la cité qui jugeait leur entreprise hasardeuse, effectuèrent une nouvelle sortie, s'emparant des bastilles Saint-Jean et Saint-Augustin, contraignant les forces anglaises à trouver refuge dans le fort des Tourelles. Le soir, Jeanne me confia que c'était là signe de victoire : l'assiégeant s'enfermait dans ses propres fortifications.

Le samedi serait le jour décisif. Après une messe célébrée à l'aube par Jean Pasquerel, l'attaque commença. Encore aujourd'hui, son souvenir me fait frémir. Vers midi, en effet, une flèche frappa Jeanne à l'épaule : elle pénétra d'un demi-**pied** sa chair entre le cou et l'omoplate. Nous avons porté ma sœur à l'abri, elle souffrait et pleurait. Je pense même qu'un instant, elle crut qu'elle allait mourir. La blessure,

Trêve : suspension des combats.
Pied : ancienne unité de mesure (environ 33 cm).

fort heureusement, était superficielle. Nous avons appliqué sur la plaie de l'huile d'olive et une tranche de lard en guise de **cautère**. Quelques minutes plus tard, elle repartait à l'assaut...

Mais le jour commençait à tomber et les Anglais continuaient à résister. Déjà le bâtard d'Orléans ordonnait que les trompettes sonnassent la retraite. Malgré la fatigue, Jeanne, qui s'était retirée dans une vigne pendant plusieurs minutes, loin du tumulte du combat, car elle désirait prier, exigea un dernier assaut. Il se trouva qu'un écuyer, qui portait son étendard, descendit dans le fossé bordant la bastille. Jeanne, qui voulait que sa bannière fût visible de tous, se précipita et, s'emparant de la **hampe**, la tira fermement vers le haut. Ces secousses furent comprises comme un appel à l'assaut et ce fut une ruée, qui submergea les Anglais. Ma sœur criait :

– Glasdale, Glasdale, rends-toi au Roi des Cieux. Tu m'as appelée putain ; moi, j'ai grand'pitié de ton âme et de celle des tiens.

Le capitaine anglais tomba **incontinent** dans le fleuve et se noya. Jeanne se mit à pleurer pour son âme. Pour moi, je le confesse, le sort de Glasdale me souciait peu, je me réjouissais de notre victoire. J'emploie ce mot **à dessein** : la prise des Tourelles permettait de rétablir la liaison entre la cité et le sud de la Loire.

Cautère : remède.
Hampe : manche.
Incontinent : aussitôt.
À dessein : volontairement.

Jeanne s'en fut recouvrer des forces chez nos hôtes d'Orléans qui, avec l'aide d'un chirurgien, s'employèrent à finir de soigner sa blessure et à la restaurer de quatre ou cinq **rôties** trempées dans du vin mêlé de beaucoup d'eau. J'ai, pour ma part, passé la soirée et la nuit avec l'essentiel de l'armée, à l'extérieur de la cité, afin de surveiller les Anglais. Mais nous pouvions entendre les cloches de la ville sonner à toute volée, saluant la délivrance tant attendue. Cette nuit fut l'un des moments les plus heureux de mon existence. Ma sœur avait vaincu. Et cette victoire justifiait toute son entreprise.

Le lendemain matin, le 8 mai, l'armée anglaise, qui **escomptait** peut-être encore une bataille, se rangea en ordre face à la nôtre. Une fois n'est pas coutume, c'est Jeanne qui se refusa à l'attaque : elle voulait éviter le combat en ce jour du Seigneur.

– En nom Dieu, ils s'en vont ; laissez-les partir et rendons grâce à Dieu, ne les poursuivons pas **outre**, parce que c'est dimanche.

Les Anglais, finalement, levèrent le siège et se retirèrent.

Il s'est trouvé des capitaines pour protester qu'il aurait mieux valu poursuivre les soldats ennemis et les mettre en déroute, plutôt que de laisser leurs forces intactes. Peut-être disaient-ils vrai. Mais je veux surtout garder en mémoire la **liesse** qui suivit le départ des Anglais. Les habitants d'Orléans criaient leur

Rôtie : tranche de pain grillée.
Escompter : espérer.
Outre : au-delà.
Liesse : joie.

joie, se pressaient autour des soldats sans éprouver, semble-t-il, cette peur que suscitent ordinairement les hommes de guerre. Au contraire, ils leur donnaient le gîte, ils les nourrissaient comme ils auraient nourri leurs enfants. Ils acclamaient ma sœur Jeanne tout particulièrement, chacun voulant la toucher ou lui parler. Une grande procession rassembla les bourgeois de la cité et les gens d'armes, chacun tenant un cierge ou une torche ; elle parcourut la ville, d'église en église, afin de rendre grâce à Notre Seigneur Jésus-Christ pour cette victoire, une victoire depuis si longtemps attendue que l'espoir avait fini par disparaître. N'était-ce pas là grand miracle, s'interrogeait-on. Le lendemain, une messe fut dite pour les morts.

Les jours et les semaines qui suivirent se bousculent aujourd'hui dans ma mémoire. Jeanne paraissait voler de succès en succès. L'armée se gonflait de jour en jour de nouveaux gens d'armes, dont l'afflux montrait bien que l'espérance avait changé de camp. Car du côté anglais, il s'en trouvait pour déserter l'armée, par crainte de guerroyer contre la Pucelle qui avait fait lever le siège d'Orléans. Autant il en viendrait devant elle, se lamentaient nos ennemis, autant seraient-ils à tomber raides morts à terre.

Je n'ai le souvenir que de victoires, de cités ouvrant leurs portes à leur seigneur le roi. Jargeau – c'est lors de l'assaut de cette cité, il me semble, que Jeanne tomba

d'une échelle, se releva, et **exhorta** aussitôt les soldats à reprendre l'offensive – Beaugency, Patay la plus belle bataille à laquelle il me fut donné de participer, qui fit **moult** victimes dans le camp ennemi mais trois seulement dans nos rangs. Je ne sais qui a écrit que le soleil se remettait à luire. Partout, en effet, renaissait l'espoir. Jeanne recevait des lettres qui venaient même de la lointaine Italie. Les puissants lui demandaient conseil, le menu peuple se pressait au devant d'elle.

Exhorter : encourager.
Moult : beaucoup.

Le roi, pourtant, s'attardait, comme s'il hésitait à prendre la route de Reims. N'y avait-il pas vrai péril à traverser les terres bourguignonnes ? Il fallut toute la détermination de

Jeanne pour vaincre ses **réticences**. Ma sœur ne doutait pas que les villes ouvriraient leurs portes à leur souverain seigneur et lui en remettraient les clefs. Il en fut ainsi à Auxerre, à Troyes, à Châlons. L'une de mes grandes joies fut de retrouver, dans cette dernière cité, cinq habitants de Domremy qui, ayant appris que le sacre allait se célébrer à Reims, avaient décidé de **rallier** la ville à pied. Nous nous sommes embrassés longuement. Jeanne offrit à l'un d'eux la veste rouge qu'elle portait ce jour-là.

Cette rencontre **préludait** à une autre qui, je crois, devait offrir à Jeanne le dernier grand bonheur de sa trop courte vie. À Reims, lorsque nous sommes arrivés à proximité de la cathédrale, nous avons aperçu nos parents et notre oncle Durand Laxart à la **croisée** d'une auberge qui avait nom *l'Âne rayé*. Ils agitaient les bras, criaient, riant et pleurant à la fois. Nos chers parents ! La ville les avait installés là à ses frais dans une belle chambre. Quelques mois seulement s'étaient écoulés depuis le départ de Jeanne, mais l'inquiétude avait fait son œuvre et creusé les traits de leur visage. Ce dont ma sœur, une nouvelle fois, leur demanda bien pardon. Toute la soirée s'écoula en récits. Notre mère redoutait l'évocation des dangers du combat, mais voulait aussi tout savoir, car elle en tirait une immense fierté.

Réticence : réserve, hésitation.
Rallier : rejoindre.
Préluder : annoncer.
Croisée : fenêtre.

Les cérémonies du sacre furent organisées à la hâte. Toute la nuit, les gens du roi se mirent en quête des instruments du sacre. La couronne et le sceptre, placés sous la protection des moines de l'**abbaye de Saint-Denis**, faisaient défaut. Il fallait improviser. On trouva une vieille couronne dans le trésor de la cathédrale. Elle ferait l'affaire. Au matin du dimanche, tout était prêt.

Heureux ceux qui ont pu un jour assister à un si magnifique spectacle. Ce fut d'abord la procession conduisant le roi jusqu'à la cathédrale. Par le portail grand ouvert, s'avança ensuite l'abbé de Saint-Rémy, monté sur un cheval blanc et escorté par quatre cavaliers. Le cortège progressait lentement, le fer des sabots martelant le dallage de l'église. Il apportait la **Sainte Ampoule**, placée sous un **dais**. Le roi promit alors de protéger l'Église, de faire régner la paix et la justice. Et le clergé comme le peuple crièrent « ***Fiat !*** *Fiat !* » en guise d'acquiescement. Le duc d'Alençon arma ensuite le roi chevalier. Et après la bénédiction des insignes royaux – la couronne, les éperons d'or, le sceptre et la main de justice –, l'archevêque procéda à la consécration du roi qui se trouvait prosterné sur les marches de l'autel. Prélevant dans la Sainte Ampoule avec une aiguille d'or un peu du **Saint Chrême**, il le marqua sur la tête, la poitrine, les épaules, aux jointures des bras, avant de le revêtir des vêtements aux fleurs de lys, de lui donner les gants bénis et de lui passer l'anneau au doigt. Les pairs

Abbaye de Saint-Denis : lieu abritant les tombeaux des rois de France. Y sont conservés les insignes de la royauté.
Sainte Ampoule : vase contenant l'huile sacrée qui servait au sacre des rois de France.
Dais : pièce d'étoffe soutenue par des montants.
Fiat ! **:** que cela soit !
Saint Chrême : huile bénite mêlée de baume.

du royaume tinrent alors la couronne au-dessus de sa tête jusqu'à ce que le roi eût gagné son trône. Une fois la couronne posée, la foule cria « ***Noël !*** » Et les trompettes sonnèrent, si fort que les voûtes de la cathédrale parurent trembler.

Noël ! : cri de réjouissance saluant un événement heureux.

Ores : maintenant.

Jeanne, qui pendant toute la cérémonie s'était tenue au côté de Sa Majesté, son étendard à la main, s'agenouilla devant lui, étreignant ses jambes et, tout en pleurs, lui déclara :

– Gentil Roi, **ores** est exécuté le plaisir de Dieu qui voulait que je lève le siège d'Orléans et que je vous amène en cette cité de Reims recevoir votre saint sacre, en montrant que vous êtes vrai roi et celui auquel le royaume doit appartenir.

À ces mots, je vis nos parents essuyer leurs larmes. Durand Laxart n'était pas moins ému, d'autant que la veille au soir, le roi l'avait mandé pour qu'il lui racontât l'enfance de Jeanne. Il en était encore tout remué.

Au cours de son procès, à Rouen, les Anglais devaient interroger Jeanne sur cette insigne faveur qui lui avait été accordée de se trouver ainsi auprès du roi, pendant la cérémonie. Chacun sait aujourd'hui ce que ma sœur leur répondit :

– Cet étendard avait été à la peine, c'était bien raison qu'il fût à l'honneur.

LA MONARCHIE CAPÉTIENNE a ses lieux saints qui contribuent à donner tout son éclat à la dynastie : Reims, Saint-Denis ou Paris. Les tribulations de la guerre ont voulu qu'au moment où Jeanne entreprend sa mission, le roi Charles VII ne contrôle aucun de ces lieux.

Une monarchie héréditaire

Longtemps, la royauté a conservé un caractère électif, dont témoigne encore l'acclamation du peuple dans la cathédrale de Reims. Mais le principe héréditaire l'a peu à peu emporté et avec lui l'idée que le roi devient roi à l'instant même de la mort de son père. Pour Jeanne et bien de ses contemporains, cependant, le sacre seul légitimera le dauphin Charles.

Sacre de Charles VII à Reims

Le sacre

Célébré par l'archevêque de Reims, il suit un déroulement soigneusement ordonnancé. Après avoir prêté serment, le roi se voit remettre les insignes de chevalerie puis il reçoit l'onction et les pairs de France lui remettent les *regalia*, insignes de sa souveraineté : l'anneau, le sceptre, la main de justice et enfin la couronne.

Un autre sacre

La force des symboles est telle que le duc de Bedford, régent en France, espère contrer le retentissement du sacre de Reims en organisant celui d'Henri VI dans la cathédrale Notre-Dame de Paris. Mais la Sainte Ampoule fait défaut et cette seconde cérémonie, célébrée dans un lieu inaccoutumé, offre une bien pâle figure.

Sceptre de Charles V

La Sainte-Chapelle

La cathédrale de Reims

Reims
Parce que Clovis fut baptisé à Reims, les Capétiens ont pris l'habitude de se faire sacrer dans cette cité archiépiscopale.

La Sainte-Chapelle
Élevée par Saint Louis au XIIIe siècle, la Sainte-Chapelle flanque le palais de la Cité, à Paris. Elle abrite une relique achetée à prix d'or, la couronne d'épines du Christ, dont la seule présence au cœur de la capitale du royaume confère un surcroît de sacré à la monarchie capétienne.

« Après la bénédiction des insignes royaux – la couronne, les éperons d'or, le sceptre et la main de justice –, l'archevêque procéda à la consécration du roi. »

Saint-Denis
L'église abbatiale, qui se dresse à quelques kilomètres au nord de Paris, abrite les sépultures des rois et reines de France. Les moines vivant dans l'abbaye veillent sur les *regalia* et rédigent les chroniques officielles des règnes successifs. Saint-Denis fait ainsi figure de mémoire de la monarchie.

Basilique de Saint-Denis

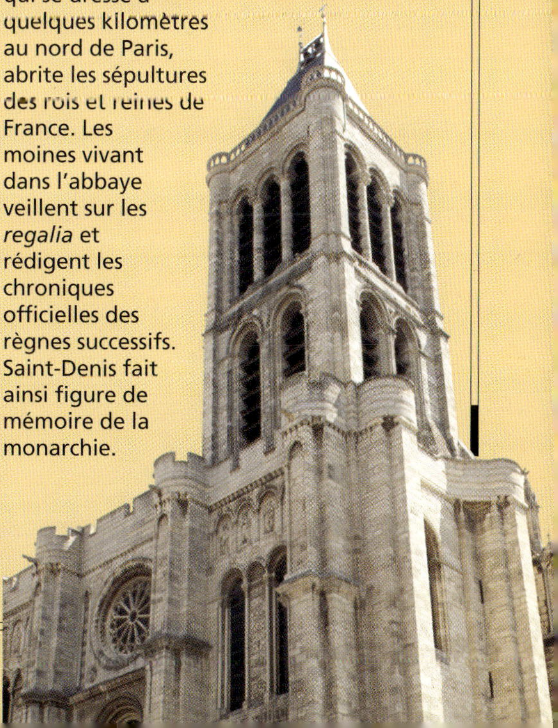

La capture

Dans mon souvenir, la **ferveur** qui nous avait portés depuis la délivrance d'Orléans s'évanouit au lendemain du sacre. Tout au moins dans l'entourage royal. Car les villes de la région continuaient, quant à elles, à offrir leur soumission au roi. On chantait partout des ***Te Deum*** en l'honneur de Sa Majesté. Et Jeanne restait l'objet d'une adoration qu'elle cherchait doucement et humblement à dissiper. Il y avait ceux qui saisissaient les pattes de son cheval, qui baisaient ses mains et ses pieds, ceux qui s'efforçaient d'arracher un morceau de son vêtement, ceux qui lui présentaient des **patenôtres** et des images pour les lui faire toucher, ce à quoi elle répliquait parfois :

– Touchez-les vous-mêmes parce qu'elles seront aussi bonnes touchées par vous que par moi.

Il semblait cependant que les **considérations** politiques reprenaient leurs droits tandis que l'audace perdait les siens. Beaucoup préféraient désormais négocier plutôt que guerroyer. Le roi tergiversait et sa route, marquée d'allées et venues sans but clairement déterminé, reflétait ces hésitations perpétuelles.

Ferveur : enthousiasme.
***Te Deum* :** cantique d'action de grâce qu'on chantait en particulier pour célébrer des victoires.
Patenôtres : prières.
Considération : réflexion.

Jeanne, elle-même, semblait avoir perdu quelque chose de son élan. Non qu'elle eût renoncé à sa lutte contre les Anglais : elle voulait **instamment** marcher sur Paris. Mais elle avait accompli la double mission que sa voix lui avait commandée – délivrer Orléans et faire sacrer le roi – et je lisais sur son visage cette fatigue et cette lassitude qui suivent parfois l'accomplissement des rêves les plus chers. Je crois qu'elle se languissait de Domremy, que d'avoir revu nos parents avaient réveillé chez elle la nostalgie du pays de son enfance. Lorsqu'il avait fallu les quitter à Reims, les adieux avaient été bien difficiles. Hélas ! Ils l'auraient été bien davantage encore si elle avait su qu'elle ne les reverrait jamais.

Monseigneur le bâtard d'Orléans m'a lui-même rapporté une conversation qu'il eut à cette époque avec ma sœur et l'archevêque de Reims, alors qu'une foule importante se pressait pour acclamer le roi.

– Voici ce bon peuple, s'exclamait Jeanne ; je n'ai jamais vu un autre peuple qui se réjouisse tant de la venue d'un si noble roi. Ah ! que je serais heureuse, si je pouvais finir mes jours ici et si je pouvais être **inhumée** dans cette terre.

Instamment : d'une manière pressante.
Inhumé : enterré.

– Ô Jeanne, l'interrogea monseigneur l'archevêque, en quel lieu avez-vous espoir de mourir ?

– Où il plaira à Dieu, parce que je ne suis sûre ni du temps, ni du lieu, pas plus que vous n'en savez.

Après un moment de silence, elle avait ajouté :

– Plaise à Dieu mon créateur que je puisse maintenant me retirer, laisser les armes et m'en aller servir mon père et ma mère qui se réjouiraient tant de me revoir !

J'ignore bien sûr ce qui serait advenu si elle était restée en vie. Aurait-elle vraiment désiré retourner à la vie calme et peut-être dorénavant trop paisible de notre petit pays ? Se serait-elle résignée à redevenir une simple paysanne ? Jeanne remuait en elle bien des questions et il me semble que ses hésitations trahissaient des déchirements intérieurs dont je n'ai pas toujours su comprendre alors qu'ils l'épuisaient.

Elle voulait, ai-je dit, que l'armée marchât vers Paris. Le roi, quant à lui, cherchait à s'accorder avec monseigneur le duc de Bourgogne pour suspendre les **hostilités**. Jeanne se retrouvait ainsi partagée entre le désir d'engager le combat et celui de garder l'honneur du roi, ce qui supposait qu'elle ne rompît pas la trêve... Elle percevait bien que les conseillers les plus écoutés de Charles VII la tenaient pour partie négligeable et n'avaient de cesse d'écarter des affaires cette impertinente **donzelle**. Elle redoutait plus que tout d'être ainsi trahie non par l'ennemi, mais par l'entourage royal.

Il fallut déployer beaucoup d'énergie pour qu'enfin s'engageât la bataille qui, nous l'espérions, permettrait au roi de recouvrer sa capitale. L'assaut

Hostilités : actions de guerre.
Donzelle : jeune fille.

fut donné le jour de la **Nativité Notre-Dame**. Partis au matin de **La Chapelle**, nous avons concentré l'attaque sur la porte Saint-Honoré. Tandis que nous cherchions à combler les fossés de la ville de fagots apportés à grand renfort de charrettes, les canons et les **couleuvrines** des Parisiens tiraient sur nos hommes, et les traits d'**arbalète** pleuvaient comme pluie à verse. Jeanne, qui sans cesse s'exposait au danger, fut soudain blessée d'une flèche à la cuisse. Malgré la souffrance, elle voulait reprendre la lutte. Les capitaines qui l'entouraient la pressaient de renoncer. Il fallait se retirer, disaient-ils ; les hommes étaient épuisés

Nativité Notre - Dame : 8 septembre.
La Chapelle : village près de Paris, aujourd'hui englobé dans la ville.
Couleuvrine : arme à feu légère.
Arbalète : arc court monté sur une tige.

par ces longues heures au pied de la muraille. Mais Jeanne qui, à Orléans, avait su **surseoir** à l'assaut afin que chacun pût se restaurer et se reposer, cette fois ne voulait pas de repos. Elle continuait à appeler au combat, à crier des ordres. Pourtant je sentais bien qu'elle n'y croyait plus. Quelque chose dans les accents de sa voix trahit, ce jour-là, une façon de désespoir et j'eus très peur que la belle aventure ne fût terminée. D'autant que le lendemain, lorsqu'elle voulut reprendre l'assaut avec monseigneur le duc d'Alençon, le duc de Bar et le comte de Clermont donnèrent l'ordre, au nom du roi, de faire retraite. Paris ne serait pas reprise.

Surseoir : différer.

Fort heureusement, Jeanne a toujours su faire contre mauvaise fortune bon cœur. Je puis attester qu'elle fut fort contente, au lendemain de cet assaut manqué, de pouvoir se recueillir dans la basilique de Saint-Denis, auprès des sépultures des rois de France. En découvrant le **gisant** du **connétable Du Guesclin**, que Charles le Sage avait voulu honorer en lui donnant place à ses côtés, Jeanne se souvint de ce petit anneau d'or qu'elle avait, peu auparavant, adressé à Anne de Laval, sa veuve. Il me plaît aujourd'hui de savoir que ce jour-là, sous les voûtes de ce bel édifice, se sont croisés ces deux êtres qui, chacun à leur façon, ont consacré leur vie à sauver le royaume de France en courant sus aux Anglais. C'est ce même jour que Jeanne suspendit dans l'abbaye un harnais qu'elle avait pris sur un soldat ennemi, capturé pendant la bataille. Elle voulait ainsi remercier Dieu d'avoir épargné sa vie.

Gisant : sculpture représentant un mort étendu.
Connétable : chef de l'armée.
Du Guesclin : homme de guerre (v. 1320-1380) sous Charles V, célèbre pour sa lutte opiniâtre contre les Anglais.
Rudiment : connaissance élémentaire.

Le roi fut bientôt à Mehun-sur-Yèvre. J'accompagnai, quant à moi, ma sœur à Bourges où nous sommes restés deux ou trois semaines, je ne sais plus. Je me rappelle qu'un clerc s'est efforcé de nous donner alors les **rudiments** de la lecture et de l'écriture. Je ne saurais dire si Jeanne, qui déjà auparavant avait appris à signer de son nom, en a continué ensuite l'apprentissage. Il m'a fallu, pour ce qui me concerne, bien des années pour maîtriser un peu de cet art difficile. Encore aujourd'hui, je peine à écrire ces lignes et, si je commence à entr'apercevoir le bout de la tâche que je me suis assignée, c'est que, malheureusement, la carrière de Jeanne sur cette terre touche à sa fin.

Nous avons certes continué à combattre, mais le temps des grandes entreprises était passé. Le roi ne chargeait plus ma sœur que d'opérations **mineures**. À Saint-Pierre-le-Moûtier, elle obtint un nouveau succès ; à La Charité-sur-Loire, elle échoua à prendre la cité que tenait Perrinet Gressart. Puis ce fut l'hiver. Un hiver trop long, car Jeanne **se morfondait** dans l'inaction au château de Sully-sur-Loire ; un hiver trop court, si l'on juge qu'elle vivait ses dernières semaines de liberté. Je frémis aujourd'hui de penser que nous attendions le printemps avec impatience... Maigre consolation à cette longue attente, l'anoblissement par le roi de ma sœur et de toute notre famille. Un tel honneur est rare, mais il ressemblait un peu trop à un remerciement. Était-ce suggérer que la mission de Jeanne s'arrêtait là ?

Lorsque enfin nous pûmes reprendre la lutte, il fallut admettre que l'armée dont elle pourrait disposer désormais serait bien maigre : trois ou quatre cents combattants, pas plus. Que pouvions-nous entreprendre avec pareils effectifs ? Jeanne pourtant n'entendait pas s'arrêter à ces considérations. L'Anglais demeurait sur le

Mineur : de peu d'importance.
Se morfondre : s'ennuyer.

sol de France ; la guerre devait se poursuivre coûte que coûte.

Mais au mois de mai survint cette terrible journée. Nous étions sortis de Compiègne pour tenter une attaque sur une position fortifiée voisine, tenue par les Bourguignons. Las ! Au cœur du combat, et alors que nous avions l'avantage et pouvions espérer l'emporter, notre adversaire reçut des renforts. Il fallut se replier. Jeanne, à son habitude, fermait la marche. Dans Compiègne, les habitants prirent peur que l'ennemi, qui nous contraignait à battre en retraite, ne rentrât dans la ville à notre poursuite. Pour leur **sauveté**, ils levèrent le pont-levis. Il n'y avait plus d'issue. Nous nous trouvions à la merci d'un adversaire supérieur en nombre qui à présent nous encerclait. J'entendis très distinctement un Bourguignon crier à Jeanne :

– Rendez-vous à moi et **baillez la foi**.

Jeanne refusa :

– J'ai juré et baillé ma foi à autre qu'à vous et je lui tiendrai mon serment.

C'est alors qu'un archer la tira de cheval par sa tunique de drap d'or et Jeanne tomba à terre. J'ai éperonné mon cheval pour tenter de la secourir. Mais avant de comprendre ce qui m'arrivait, je reçus un rude **horion** qui me fit **choir** à mon tour. Nous étions prisonniers.

Sauveté : sécurité.
Bailler la foi : s'engager par serment, rester fidèle.
Horion : coup.
Choir : tomber.

L'IMAGE DU GUERRIER de la fin du Moyen Âge est celle d'un homme protégé par sa lourde armure et combattant à cheval. La guerre, tel est bien le destin du chevalier, la raison d'être de la noblesse française, si souvent décimée. Mais il ne faut pas oublier que les hommes de pieds participent aussi à la bataille.

L'armure de Jeanne ?
S'agit-il de l'armure ciselée pour Jeanne avant l'expédition d'Orléans ? Rien n'est moins sûr. On sait par contre que la jeune fille mesurait un peu moins de 1, 60 m.

Les différents éléments du harnais

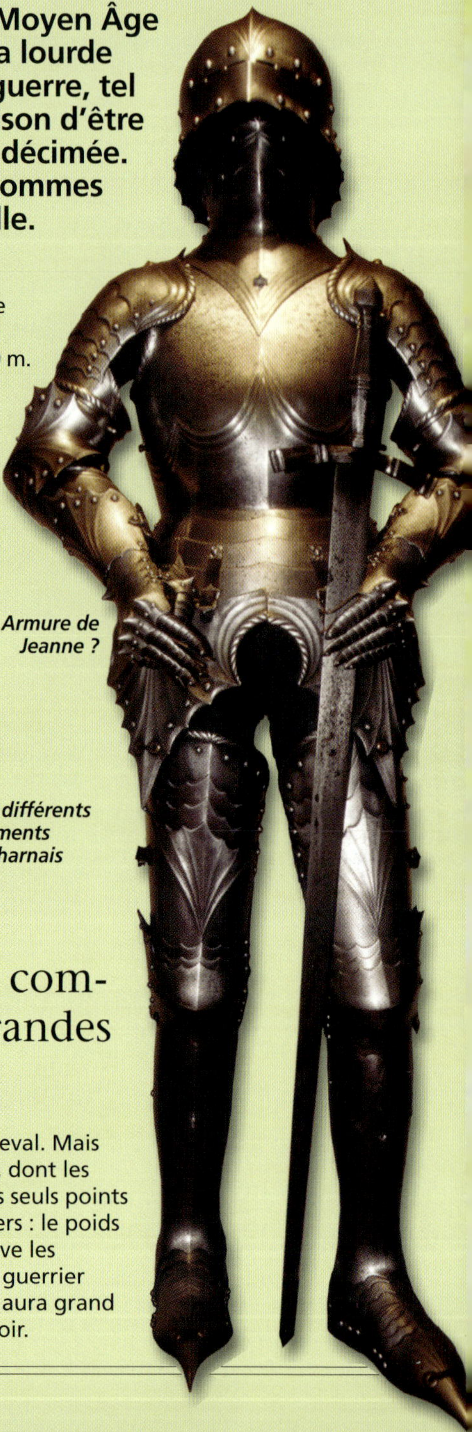

Armure de Jeanne ?

« Nous avons continué à combattre, mais le temps des grandes entreprises était passé. »

Se protéger
L'armure du XVe siècle est le résultat d'une longue évolution qui témoigne des progrès de la métallurgie. Agencement de plusieurs pièces articulées, elle recouvre totalement le corps du combattant à cheval. Mais cette protection, dont les jointures sont les seuls points faibles, a un revers : le poids du harnais entrave les mouvements du guerrier qui, jeté à terre, aura grand peine à se mouvoir.

La bataille
Les combattants, invisibles sous leurs armures, ont besoin de signes de reconnaissance. Le blason joue ce rôle d'identification. Dans cette bataille, seules sont représentées les armes des deux monarchies, française – les lys – et anglaise – les lions. Les guerriers utilisaient aussi des cris pour se distinguer. Ceux du roi de France s'exclamaient ainsi « Montjoie Saint Denis ! ».

Bataille entre chevaliers anglais et français

Jeanne à cheval
Jeanne, excellente cavalière, a disposé de plusieurs chevaux durant sa courte carrière militaire : cinq coursiers, pour la bataille, et sept trottiers, utilisés par son entourage.

Jeanne, dès le XVe siècle, a été très souvent représentée sur sa monture.

L'étendard de Jeanne
Jeanne revêt ici l'armure et tient son épée de la main droite. Son étendard est conforme à la description qu'elle en a donné : il porte les noms « Jésus Maria » et une représentation du Christ bénissant une fleur de lys tenue par un ange.

Jeanne tenant son étendard

De la prison au bûcher

L'auteur de notre **déconfiture** avait pour nom Lionel de Wandonne. Ce guerrier blanchi sous le harnais, **estropié**, le visage défiguré par les combats, était le lieutenant de **Jean de Luxembourg** dont nous devenions en conséquence les prisonniers. La joie de nos vainqueurs était à la mesure de leur capture. On nous conduisit d'abord, sous étroite surveillance, à la forteresse de Clairoix, puis dans un château puissamment fortifié, à Beaulieu-lès-Fontaines. Il fallut se résigner au douloureux apprentissage de la captivité. Je ne pouvais plus voir ma pauvre Jeanne. Parfois un gardien moins **zélé** ou moins dépourvu de charité chrétienne acceptait de me donner quelques nouvelles : j'ai su ainsi qu'elle avait été conduite à Noyon auprès du duc et de la duchesse de Bourgogne. Pour quelle raison, je l'ignorais. Mais quelque temps après son retour, j'ai entendu un bruit derrière ma porte, des cris suivis d'une course-poursuite. On m'a rapporté plus tard que Jeanne était parvenue à enfermer ses gardiens et qu'elle avait cherché à ouvrir la porte de ma prison avant d'être reprise. Je sourirais volontiers de cette évasion manquée qui témoignait une nouvelle fois du courage de

Déconfiture : échec total.
Estropié : privé de l'usage d'un de ses membres.
Jean de Luxembourg : vassal du roi d'Angleterre, proche du duc de Bourgogne.
Zélé : trop respectueux du règlement.

ma sœur, si ce n'avait été là pour moi le dernier signe de sa présence à mes côtés. Jeanne fut emmenée au château de Beaurevoir. Jamais plus je ne la serrerais dans mes bras.

Les mois qui suivirent furent les plus terribles qu'il m'ait été donné de vivre. Je **croupissais** sans rien voir de la clarté du jour qu'un rai de lumière à travers une **meurtrière** ; je n'obtenais que de rares informations sur le sort de Jeanne et elles me plongeaient à chaque fois dans une crainte plus vive. Ainsi, elle avait tenté une nouvelle évasion en sautant de la tour où elle se trouvait enfermée. Je suppose aujourd'hui qu'elle savait qu'elle serait prochainement livrée aux Anglais contre forte rançon. Hélas ! Elle s'était blessée et avait été reprise immédiatement.

Croupir : rester inactif dans un endroit désagréable.
Meurtrière : étroite ouverture dans une muraille.
Sarcasme : moquerie.
Ignominie : déshonneur.

Chacun sait ce qu'il advint ensuite : Jeanne fut menée à Rouen et enfermée dans la tour Couronnée de la forteresse du Bouvreuil, les pieds enchaînés, gardée par des soldats qui la couvraient de **sarcasmes** et d'insultes. Telle était l'**ignominie** de ces hommes qui entendaient la juger pour hérésie, mais la retenaient comme une prisonnière de guerre. Droite justice aurait pourtant voulu que Jeanne fût gardée par des femmes dans la prison de l'archevêché. Malheur à toi, évêque Cauchon, qui te chargea de ce procès inique ! Pendant des semaines, ma sœur fut interrogée, dans la chapelle du château d'abord, puis dans sa prison. Des heures durant, il lui fallait répondre à des

questions qui n'avaient d'autre objet que de montrer qu'elle **errait dans la foi**. Des dizaines de docteurs harcelaient ainsi la petite paysanne de Domremy, sans égard pour sa fatigue ni même parfois la maladie qui la terrassait au point que l'on craignait qu'elle en mourût. Jeanne, toujours, gardait le sens de la répartie. À Jean Baupère la questionnant :

Errer dans la foi : se tromper en matière de religion

– Savez-vous si vous êtes en la grâce de Dieu ?

Elle répondit ainsi :

– Si je n'y suis, Dieu m'y mette, et si j'y suis, Dieu m'y garde.

Belle réponse s'il en est, qui stupéfia même ses juges, mais peut-on vaincre dans un procès dont l'issue est déterminée à l'avance ? Comble de l'ignominie, ses juges, à ce qui s'est dit, auraient **commis** auprès de Jeanne, afin de gagner sa sympathie, un homme qui feignait d'être un partisan de notre roi Charles. Pareille malice est ennemie de la justice et de l'équité.

Commettre : désigner, nommer.
Schismatique : fauteur de division au sein de l'Église.
Sentence : décision du tribunal.

Le 24 mai, Jeanne fut conduite, à travers les rues de Rouen jusqu'au cimetière de Saint-Ouen. Il y avait là grande foule qui murmurait, un bûcher avait été dressé, le bourreau se tenait prêt à remplir son office.

Un docteur en théologie prononça alors un sermon d'une rare violence. Il semble que Jeanne ne l'écoutait guère, puisque tout à coup il s'exclama :

– Jeanne, c'est à toi que je parle, je te dis que ton roi est hérétique et **schismatique**.

Mal lui en prit, car Jeanne, recouvrant ses esprits, lui rétorqua :

– Par ma foi, sire, révérence gardée, je vous ose dire et jurer, sur peine de ma vie, que c'est le plus noble chrétien de tous les chrétiens et qui aime mieux la foi et l'Église, et il n'est pas tel que vous dîtes.

– Faites-la taire, faites-la taire !

Cauchon entreprit alors la lecture de la **sentence**, à l'issue de laquelle Jeanne serait livrée aux Anglais. En cet instant dramatique, il se trouva autour d'elle des hommes pour la supplier de se soumettre :

– **Révoque** ou tu seras brûlée.

Pour la première fois, je crois, ma sœur soudain prit peur. Elle avoua tout ce qu'on voulait, qu'elle avait péché en portant des habits d'homme, qu'elle avait été **idolâtre** et schismatique, qu'elle avait désiré verser le sang humain. Et, curieusement, elle riait. Ce rire, quoique je ne l'ai pas entendu, me poursuit encore aujourd'hui. Exprimait-il la terreur de Jeanne face aux **vociférations** des Anglais qui criaient leur déception ? Disait-il le soulagement d'avoir échappé à la mort ? Je sais que ma pauvre sœur signa d'une croix cette **abjuration**. Or elle savait écrire son nom et avait l'habitude, du temps qu'elle guerroyait, de marquer ainsi d'une croix les messages dont elle voulait qu'on ne tînt pas compte. Je me demande si elle ne voulut pas user une dernière fois de cette ruse et si son rire ne trouva pas là sa cause. Cauchon cependant prononça la sentence :

– Nous te condamnons finalement à la prison **perpétuelle**, avec le **pain de douleur et d'angoisse**, de telle sorte que là tu pleures tes fautes et n'en commettes plus qui soient à pleurer.

Hélas ! Jeanne ne fut pas conduite en prison ecclésiastique comme, en principe, la sentence l'exigeait. On la renvoya dans sa prison anglaise.

– Monseigneur, ne vous souciez pas, nous la rattraperons

Révoquer : déclarer nul. Jeanne doit renoncer aux erreurs qu'on lui prête.
Idolâtre : qui voue un culte aux idoles.
Vocifération : cri mêlé de colère.
Abjuration : renonciation à ses erreurs.
Perpétuel : à vie.
Pain de douleur et d'angoisse : condamnation au pain et à l'eau.

bien, avait murmuré Cauchon au comte de Warwick, inquiet de voir Jeanne échapper à la mort.

Il avait raison. Ma sœur dut reprendre ses habits d'homme, les seuls, je crois, que les Anglais laissèrent à sa disposition, et bientôt, elle déclara que son abjuration était un mensonge.

Relapse, Jeanne était perdue. Au matin du 30 mai, on lui annonça qu'elle allait être brûlée ce jour même. Je sais qu'elle éprouva alors grande terreur, criant et s'arrachant les cheveux.

– Hélas ! Me traite-t-on ainsi horriblement et cruellement qu'il faille que mon corps net en entier, qui ne fut jamais corrompu, soit aujourd'hui consumé et rendu en cendres. Ah ! j'aimerais mieux être décapitée sept fois que d'être ainsi brûlée. J'en appelle à Dieu, le grand juge, des grands torts et des **sévices** qu'on me fait.

Relapse : qui est retourné dans la faute, le péché.
Sévice : mauvais traitement.
Maléfice : méfait, crime.

Quelques instants plus tard paraissait Cauchon.

– Évêque, je meurs par vous, lui dit-elle.

– Hé Jeanne, prenez patience ! Vous mourrez parce que vous n'avez pas tenu ce que vous aviez promis et que vous êtes retournée à votre premier **maléfice**.

– Si vous m'aviez mise en prison ecclésiastique, si vous m'aviez rendue aux mains des concierges ecclésiastiques compétents et convenables, ceci ne serait pas arrivé ; c'est pourquoi j'en appelle de vous devant Dieu.

J'éprouve bien de la douleur et j'ai conscience que ma main tremble de tracer ces derniers mots. Car chacun d'eux me rend insupportablement présentes les souffrances de ma pauvre Jeannette, chacun d'eux me perce le cœur. Ma seule consolation est d'avoir la ferme certitude qu'elle est depuis lors au paradis.

Escortée par une centaine de soldats à travers les rues de Rouen encombrées de monde, Jeanne fut conduite dans une charrette sur la place du Vieux Marché. Des habitants occupaient les toits pour mieux voir la condamnée vêtue d'une longue robe, coiffée d'une **mitre** qui portait ces mots : « Hérétique, relapse, **apostate**, idolâtre ». Un dernier sermon fut prononcé. Après quoi, ma sœur s'agenouilla, pardonna à ses ennemis et demanda les prières de tous ceux qui étaient présents.

Les hommes d'Église quittèrent la place, abandonnant leur victime au pouvoir **séculier**. Les soldats se saisirent de Jeanne et la conduisirent vers le bûcher qu'on avait pris soin d'installer sur une estrade afin que chacun pût mieux voir. Un Anglais eut la miséricorde de lui faire une petite croix, avec deux bouts de bois, qu'elle garda contre sa peau, tandis qu'on la liait au poteau. Une grande croix de procession lui fut également présentée pour qu'elle l'embrassât. Le bourreau l'enveloppa alors de fagots jusqu'à hauteur de son visage et enflamma le bûcher. Le feu s'éleva,

Mitre : coiffe en hauteur.
Apostate : qui a abandonné la foi chrétienne.
Séculier : laïc, non religieux.

Jeanne cria plusieurs fois le nom de Jésus avant que sa tête ne s'incline : elle avait rendu l'âme.

Le bourreau écarta les fagots pour que chacun vît que son œuvre était accomplie, puis les ramena contre le corps afin qu'il achève de se consumer. Il devait ensuite verser les cendres de Jeanne dans la Seine.

Jeanne, ma sœur bien-aimée, tu étais honnête, simple et droite, ils ont fait de toi une hérétique. Comment accepter cette sentence ? Il ne s'est pas écoulé de jour depuis cette date de sinistre mémoire que cette injustice ne me tourmente le cœur et l'esprit. Je n'ai jamais su comme toi pardonner.

Sais-tu que nos ennemis – Dieu ait pitié d'eux – ont été

finalement vaincus ? Sais-tu que l'on joue parfois un **mystère** en ta mémoire, que chaque année une procession en ton honneur rappelle la délivrance d'Orléans ? Je veux achever mon récit sur ces mots qui ont été écrits pour toi et qui, si tu avais pu les entendre, t'auraient empli les yeux de larmes :

Mystère : au Moyen Âge, pièce de théâtre qui met en scène des sujets religieux.

« Et toi, Pucelle bienheureuse, tant honorée de Dieu, tu as délié la corde qui enserrait la France. Te pourrait-on louer assez, toi qui, à cette terre humiliée par la guerre, as donné la paix ? »

LA JUSTICE est diverse : à celle du roi qui s'affirme d'année en année comme la plus importante s'ajoutent les justices seigneuriales et ecclésiastiques. Elle suppose tout un personnel formé et compétent qui témoigne des progrès de l'État de droit.

La justice royale
La justice est, avec le maintien de la paix, la grande affaire du roi. Au sommet de la hiérarchie judiciaire figure le Parlement de Paris.

Magistrats et greffier au tribunal

Décapitation

« Cauchon entreprit alors la lecture de la sentence. »

L'Inquisition
Les affaires d'hérésie sont du ressort de l'Inquisition. Deux juges président au procès : l'évêque et l'inquisiteur. Si le condamné est impénitent ou relaps, il est livré au bras séculier et mené au bûcher.

Les châtiments
Pour les coupables la justice prévoit tout un arsenal de peines qui vont de l'amende honorable à la mort par pendaison ou décapitation. Mais une grâce royale peut toujours intervenir.

Jeanne au bûcher
Liée à un poteau par le bourreau Geoffroy Thérage qui enveloppera ensuite la condamnée avec les fagots, Jeanne est vêtue d'une robe rouge comme le feu qui va bientôt la consumer. Devant Jeanne, l'évêque Cauchon désigne sa victime de la main et ce geste suffit à rappeler que c'est lui qui a mené les débats et dirigé cette affaire. En retrait, le frère Martin Ladvenu tient un crucifix.

Intérieur de la tour du château du Bouvreuil

La prison

La tour Couronnée du château du Bouvreuil a disparu. La photographie ci-dessus ne montre donc pas la cellule où Jeanne se trouva enfermée pendant des mois. Elle ne devait cependant pas être bien différente. Étroitement surveillée, la prisonnière était en permanence enchaînée. Sa présence dans une geôle anglaise a de quoi surprendre : jugée par l'Inquisition, elle aurait dû être gardée par des femmes en prison ecclésiastique.

Geoliers anglais demandant pardon à Jeanne

Jeanne à travers l'histoire

Les sources

Jeanne devant Charles VII
Devant le roi, revêtu du manteau fleurdelysé, le sceptre à la main, s'avance la jeune fille de Domremy. L'audience de Jeanne par Charles VII présente ici un caractère officiel, très solennel, peu conforme à la réalité : la première entrevue de Chinon s'est tenue peu après le crépuscule, dans une salle éclairée à torches, et le souverain se tenait parmi ses courtisans.

L'épopée de Jeanne d'Arc a connu un énorme retentissement qui, dès la délivrance d'Orléans, suscite des écrits de toutes sortes : lettres évoquant son intervention, poèmes à sa gloire, chroniques relatant les événements auxquels elle prend part. L'image s'ajoute dès l'origine au récit : cette riche iconographie vaut plus par sa variété, signe du renom de la jeune fille de Domremy, que par son exactitude. On s'obstine bien souvent à la représenter en robe longue et les cheveux longs… Mais plus encore, ce sont les deux procès de Jeanne qui nous donnent à voir le personnage. Les longs interrogatoires auxquels elle doit se soumettre restituent sa parole dans sa vérité et dans sa simplicité ; les enquêtes menées jusqu'à Domremy livrent le témoignage de ceux que Jeanne a côtoyés durant son enfance ; et les dépositions de ceux qui ont partagé son aventure et combattu auprès d'elle achèvent de rendre compte de ces deux années pendant lesquelles s'est joué son destin.

Jeanne après Jeanne

Ce destin ne prend pas fin avec le bûcher ou le procès de 1456 annulant la sentence de 1431. Car la Pucelle d'Orléans ne quitte pas les mémoires. Il serait trop long d'énumérer tous les titres qui lui sont consacrés du XVIe au XIXe siècle.

On retiendra seulement que l'historiographie de Jeanne s'enrichit, au début de la IIIe République, d'un vif débat qui tourne parfois à la polémique. En effet, les républicains n'hésitent pas à célébrer une héroïne qui a voué sa vie à la défense de la patrie ; mais les catholiques n'entendent pas voir leurs adversaires politiques accaparer la mémoire d'une jeune chrétienne dont la mémoire, pensent-ils, leur appartient. Cette joute trouvera finalement une sorte d'épilogue avec la canonisation de Jeanne par le pape Benoît XV en 1920.

Le parti pris de l'auteur

Nous avons voulu imaginer le récit qu'aurait pu offrir Pierre, l'un des frères de Jeanne. Témoin privilégié, il a partagé l'enfance de la jeune fille avant de participer à son périple militaire, jusqu'à la capture de Compiègne. Lui-même a connu alors l'épreuve de l'emprisonnement avant d'être finalement libéré contre rançon. On suit sa trace à Orléans : il prend à ferme une métairie des environs, à Saint-Aignan de Sandillon, et acquiert une maison, rue des Africains. Il est bien peu probable que Pierre ait su écrire mais comment penser qu'il n'ait pas ressassé ses souvenirs pendant ces longues années passées en bord de Loire ? L'aventure avait été extraordinaire, et il l'avait vécue.
Environ un an après ce récit que nous lui prêtons, il marie son fils Jean, le 18 juillet 1457. Quant à Isabelle Romée, elle meurt auprès de Pierre le 28 novembre 1458, presque octogénaire.

Portrait de Jeanne
Un greffier du Parlement de Paris griffonne en marge du registre sur lequel il travaille un portrait supposé de la Pucelle qu'il n'a pas vue mais dont il vient d'apprendre le premier succès militaire : il s'agit là de la plus ancienne représentation connue de Jeanne, et déjà l'épée et l'étendard s'imposent comme les attributs essentiels de la jeune paysanne.

Crédits photographiques

h : haut b : bas
d : droite g : gauche
c : centre

18 g : *Assassinat de Jean sans Peur, Les chroniques de Monstrelet*, XVe s., Bibliothèque de l'Arsenal, Paris. © J. Vigne ; d : *Portrait de Charles VII*, J. Fouquet, Musée du Louvre, Paris. © RMN/ H. Lewandowski.

19 hg : *L'égalité devant la mort*, miniature, *Bréviaire parisien* par l'atelier de maître Boucicaut, 1420-1450, Bibliothèque municipale, Châteauroux. © J. Vigne ; hd : *Le duc de Bedford aux funérailles de Charles VI en 1422*, Bibliothèque nationale de France. © Bridgeman-Giraudon ; b : *Scène de pillage à Paris*, Roy, XVe s., British Library. © The British Library/ Heritage image.

30-31 : *Les sept sacrements*, R. de La Pasture, Koninklijk Museum, Anvers. © Bridgeman-Giraudon.

40 hg : *Femmes aux champs, Les Très riches heures du duc de Berry*, XVe s., Musée Condé, Chantilly. © RMN/ Ojeda ; bg : *Atelier de femmes*, miniature, *De Claris Mulieribus*, Boccace, Bibliothèque nationale de France, Paris. © Bridgeman-Giraudon.

41 h : *Un couple marié reçoit un enfant de la Sainte Trinité*, XVe s., Bibliothèque de l'Arsenal, Paris. © Charmet/ Bridgeman-Giraudon ; b : *La naissance de la Vierge*, détail de prédelle, école italienne XVe s. © Christie's Images/Bridgeman-Giraudon ; bd : *Femme peignant son portrait, De Claris Mulieribus*, Boccace, Bibliothèque nationale de France, Paris. © Bridgeman-Giraudon.

52 g : *Sainte Catherine*, vitrail de Partenheim, vers 1440, Hessisches Landesmuseum, Darmstadt. © Bridgeman-Giraudon ; h : *Saint Michel terrassant le dragon, Les très riches heures du duc de Berry*, illustré par Pol de Limbourg, XVe s., Musée Condé, Chantilly. © RMN/Ojeda ; b : *Sainte Marguerite gardant les moutons*, Livre d'heures d'Etienne Chevalier, XVe s., Département des arts graphiques, Musée du Louvre, Paris. © RMN.

53 bd : Statue reliquaire de l'Ombilic du Christ provenant de Notre-Dame-en-Vaux à Châlons-sur-Marne, argent, daté de 1407, Musée du Moyen Âge-Cluny, Paris. © RMN/G. Blot.

64 h : *Scène de rue, Livre du gouvernement des Princes*, G. de Rome, Bibliothèque de l'Arsenal, Paris. © J. Vigne ; b : Façade de la maison de Jacques Cœur à Bourges, XVe s. © Bridgeman-Giraudon ; hd : Vue de l'enceinte de la ville de Chinon. Archives Gallimard/DR ; c : *Trois magistrats de Limoges remettent les clés de la ville au Duc de Berry, Chroniques* de Froissart, Bibliothèque municipale, Besançon. © J. Vigne.

65 bd : *Arrivée de Charles V à Paris, Chronique de Saint Denis*, Bibliothèque nationale de France, Paris. © Bridgeman-Giraudon.

74 g : Maison natale de Jeanne, Domremy. © Magnum/E. Lessing ; hd : Porte de France à Vaucouleurs. © G. Dagli Orti ; b : Palais des Ducs, Poitiers. © Scope/ E. Guillemot.

75 h : Vue de Loches. © Scope/J. Guillard ; d : La place du Vieux-Marché à Rouen. © Hoa-Qui/Cuvelier.

86 g : *Siège de la ville de Paris*, Les *Vigiles de Charles VII*, Bibliothèque nationale de France, Paris. Archives Gallimard ; c : *Étude pour la construction d'une catapulte*, Valturio, XVe s. © RMN/Bulloz.

87 h : Plan de la ville d'Orléans identique à 1429, réalisé en 1640, Musée d'histoire et d'archéologie, Orléans. © J. Vigne ; b : *La Fleur des histoires*, J. Mansel, Bibliothèque publique et universitaire, Genève. © J. Vigne.

98 h : *Le sacre de*

Charles VII, *Les Vigiles de Charles VII*, Bibliothèque nationale de France, Paris. Archives Gallimard ; b : Sceptre de Charles V surmonté par une statue de Charlemagne, Départements des objets d'art, Musée du Louvre, Paris. © RMN.

99 hg : Sainte-Chapelle, Paris. © Corbis/ R. Holmes ; b : Cathédrale de Reims. © Corbis/Almasy ; d : Basilique de Saint-Denis. © Corbis /R. Holmes.

110 g : *Aenée suspend l'armure de Mezentius dans un arbre*, 1469, XVe s., Bibliothèque nationale de France, Paris. © Bridgeman-Giraudon ; c : Armure du XVe s. © Corbis-Sygma/ P. Durand. Woolfitt.

111 h : *Bataille entre les Français et les Anglais*, *Chroniques de France et d'Angleterre* par D. Aubert, Bibliothèque de l'Arsenal, Paris. © J. Vigne ; bg : *Jeanne d'Arc en armure à cheval*, Musée Th. Dobrée, Nantes. © Magnum/ E. Lessing ; bd : *Portrait de Jeanne d'Arc portant l'étendard*, XVe s., Archives nationales, Paris. © J. Vigne.

122 c : *Magistrats et greffiers au tribunal*, *Le livre du gouvernement des Princes*, G. de Rome, Bibliothèque de l'Arsenal, Paris. © J. Vigne ; b : *Exécution de prisonniers*, *Chroniques* d'E. de Monstrelet, Bibliothèque nationale de France, Paris. © Bridgeman-Giraudon.

123 : *Jeanne sur le bûcher*, Les *Vigiles de Charles VII*, Bibliothèque nationale de France, Paris. © Magnum/E. Lessing ; c : Tour du château du Bouvreuil. © Corbis/ A. Woolfitt ; b : *Jeanne et ses geôliers*, Château de Plessis Bourré. © J. Vigne.

124
Jeanne devant Charles VII.
© Bibliothèque nationale. Archives Gallimard.

125
Registre du parlement de Paris, 1429, Jeanne d'Arc, Archives nationales.
© J. Vigne.

BIBLIOGRAPHIE

M.-V. Clin, R. Pernoud, *Jeanne d'Arc*, Fayard, 1986.

Dossier *Jeanne d'Arc*, revue *l'Histoire*, n° 210, mai 1997.

M. Mopurgo, *Jeanne d'Arc*, Folio Junior, Gallimard Jeunesse, 2002.

R. Pernoud, *J'ai nom la Pucelle*, Découvertes Gallimard, 1994.

SITES INTERNET

GUERRE DE CENT ANS

duguesclin.free.fr/

JEANNE

www.geocities.com/CollegePark/Classroom/3062/jeannedarc.htm

www.jeanne-darc.com/

REMERCIEMENTS

Nous tenons ici à remercier chaleureusement Marie-Véronique Clin pour sa relecture, attentive et avertie, de ce récit.

SUR LES TRACES

Direction éditoriale :
Françoise Favez
Direction artistique :
Élisabeth Cohat

Sur les traces de Jeanne d'Arc

Graphisme :
Laure Massin,
Édition :
Françoise Favez
Iconographie :
Nathalie Lasserre

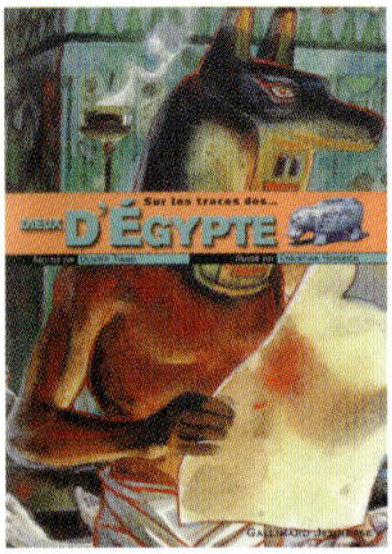

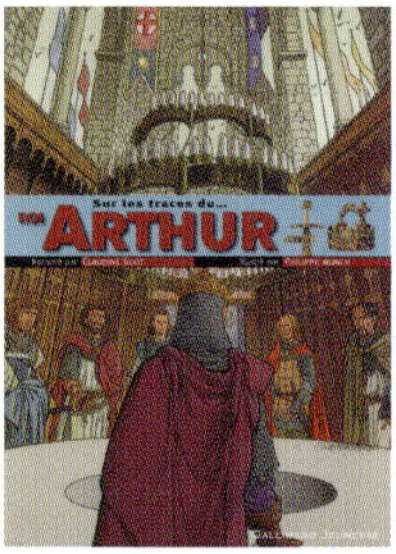

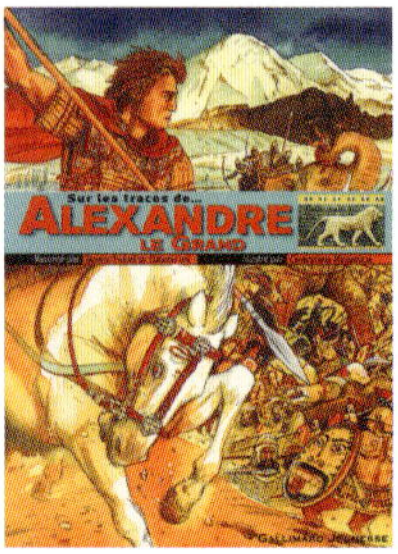

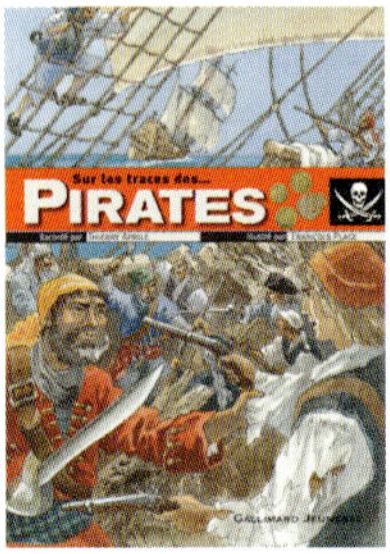

DANS LA MÊME COLLECTION :

Sur les traces...
des dieux d'Égypte - de Moïse - d'Ulysse - des fondateurs de Rome - d'Alexandre le Grand -de Jules César - de Jésus - du roi Arthur - d'Aladdin - de Marco Polo - de Christophe Colomb - de Léonard de Vinci des Pirates - des Vikings

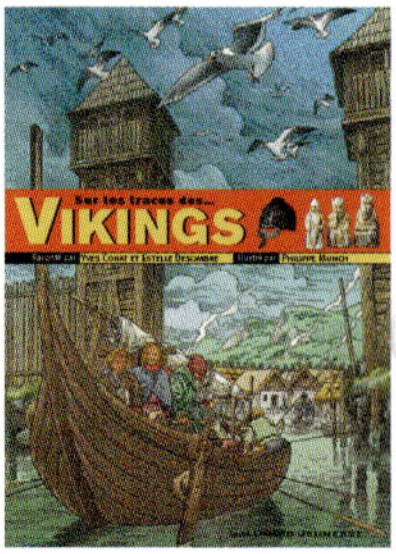